Eine Kinderseele ruft um Hilfe

Rosmarie Klaka-Lampert

2. Auflage, 1991

Ambaji Verlag Basel, Schweiz
Illustrationen: Andy Schmid, Basel

ISBN 3-905050-03-X

Für
Gabrielle und Alfred
als «Sühne»
für gemachte Fehler

VORWORT

Eine Kinderseele ruft um Hilfe...
Ein Buch, das nicht nur für Mamis und Papis geschrieben wurde. Jeder Mensch, ob er es nun erfühlt oder erahnt, wird immer und immer wieder daran erinnert, dass auch er einmal ein Kind mit grösseren und kleineren Sorgen und Problemen war.

Viele dieser Unpässlichkeiten gingen vorüber, ohne dass irgendwelche Spuren zurückgeblieben sind. Aber einige wenige haften uns wie Kletten an. Sie haben sich so sehr an uns geklammert, so sehr mit uns verbunden, dass sie fast unkenntlich geworden sind. Und doch, diese unkenntlichen Schatten, die uns ein Leben lang verfolgen...

...Was lösen sie aus? Wie machen sie sich bemerkbar? Wie wirkt sich ihre Belästigung in unserem und in unserer Kinder Leben aus? Was passiert, wenn sich so ein Schatten zwischen uns und unsere Kinder stellt?

Nicht nur bei unseren eigenen Kindern, nein, auch bei Gross- oder Pflegekindern, bei Nichten, Neffen, Schülern oder Nachbarkindern können sich solche Schatten, solche Phantome melden. Sie melden sich mit solcher Gewalt, dass sie uns selber, unsere Kinder und unsere Umgebung empfindlich stören und belästigen.

Dieses Buch möchte dir helfen, diese Schatten, diese schleichenden Phantome zu erkennen und in den Griff zu bekommen. Dieses Unbekannte klar und deutlich zu erkennen und an die Oberfläche zu holen.

Es möchte dir auch helfen, diese zerstörenden, alle und alles krankmachenden Seinszustände zu bearbeiten, in den Griff zu bekommen, aufzulösen und zu beseitigen.

Die Grundidee dieses Buches ist, dass du dich, sich dein Kind, deine Familie und deine ganze Umgebung ein bisschen wohler fühlt. Dass mehr Liebe und Verständnis in dein Leben fällt und wie der Stein, der ins Wasser fällt, immer grössere und grössere Kreise zieht.

ZU DIESEM BUCH

Dieses Buch ist nicht nur für dich als Vater oder Mutter da. Ob du nun Pflegemutter oder -vater, Grossmutter oder Grossvater; Onkel, Tante oder liebe Anverwandte; Nachbar, «Haus-»Freund, Lehrer, Erzieher oder wer immer auch bist... Kinder begleiten uns immer. In irgendeiner Form treten sie immer wieder in dein Leben. Du wirst immer und immer wieder mit ihnen konfrontiert... und dann?

Es wäre schade, den meisten Platz in diesem Buch für immer neues Aufzählen der Bezugspersonen-Namen zu verwenden. Ich habe deshalb meistens die Form von «Mama», «Papa» oder «dein Partner» gewählt.

Auch habe ich, damit es etwas übersichtlicher wird, bewusst auf die Zweiteilung, auf das «männlich/weiblich» verzichtet. Also wenn ich den Partner anspreche, kann es selbstverständlich auch die Partnerin sein.

Vielleicht hat es in diesem Buch Teile, Texte oder Arbeitsvorschläge, die absolut nicht in deine Lebenseinstellung, in dein Lebensbild passen. Leg sie zur Seite, beachte sie für den Moment einfach nicht. Vielleicht kannst du sie später einmal aufnehmen und be- oder verarbeiten oder sie als einfach nicht vorhanden ansehen.

Die Arbeiten, die Aufzeichnungen sind Vorschläge und nicht ein «so ist es und nicht anders!». Wähle frei, was für dich ist und was du nicht möchtest. Wenn du etwas zwanghaft tust, ist es viel schädlicher und zerstörender als wenn du es weglässt!

An dieser Stelle möchte ich, obwohl dieser Text schon auf den hinteren Umschlagseiten meines ersten und zweiten Buches zu finden ist, ihn auch diesem Buch mitgeben:

Auszug aus einer Verlautbarung des «Tibeters»:

«Ich habe meine Bücher ohne Anspruch auf Annahme dessen, was darin niedergelegt ist, übermittelt; sie können richtig, wahr und nützlich sein, sie können aber auch das Gegenteil bewirken. Es liegt bei euch, deren Wahrheit durch richtige Anwendung des Gesagten und durch Ausbildung eurer Intuition zu ermitteln.»

ERSTER TEIL

DIE ERSTE ZEIT

So, nun wissen wir es; ein Baby ist unterwegs! Ob gewollt oder ungewollt, ein kleiner Erdenbürger hat sich angemeldet. All den neuen Mamis und Papis stellt sich eine grosse, verantwortungsvolle Aufgabe, sind sie doch die Eltern der zukünftigen Welt.

Etwas, das viele leider immer noch nicht wissen: die grosse Verantwortung beginnt nicht erst bei der Geburt. Vom ersten Moment der Zeugung an werden im Unterbewusstsein des kleinen Menschleins alle Eindrücke, Geräusche und Gefühle, aber auch Launen und Empfindungen von Mama und Papa gespeichert.

Wir sollten uns bewusst sein, dass wir vom ersten Moment an einen tiefgreifenden Einfluss auf das spätere Sein unseres Kindes haben. Bringen wir dem Baby von Anfang an Liebe entgegen und freuen uns ehrlich auf sein Kommen, wird ein Mensch heranwachsen, der in seinem Innersten weiss, was Liebe ist, und wird sie sich nicht erst mühsam erarbeiten müssen.

Schwangerschaftsprobleme deuten oft, jedoch nicht immer auf eine falsche Haltung dem werdenden Leben gegenüber hin. Die werdende Mutter, der werdende Vater, oft aber auch die werdenden Grosseltern oder sonst den jungen Eltern nahestehende, sie beeinflussende Personen können dem Ungeborenen das Leben schwer machen. Sein Wunsch nach Leben wird geschwächt, Komplikationen treten ein, alle Lebenslust geht ihm verloren.

Oder aber das kleine Menschlein lernt schon bevor es atmen kann schlechte Laune, Aggression, Angst und vielleicht auch Hass kennen. All das wird in das Fundament des werdenden Lebens eingebaut.

Negative Gedanken von Menschen, die noch eine starke Bindung zu den jungen Eltern haben, können den Lebensmut des Babys untergraben. Diese Gedanken kennen keine Grenzen, keine Distanzen. Es ist uns kaum bewusst, wie stark der telepathische Einfluss ist.

Liebe Mütter, lasst eure Söhne ziehen und seid bitte nicht eifersüchtig auf die «böse» Schwiegertochter. Euer geliebter Sohn liebt sie nämlich!

Angst, Gedanken und Gefühle während der Schwangerschaft um Krankheiten, die in der näheren oder weiteren Verwandtschaft der Familie öfters aufgetreten sind, verstärken die Bereitschaft, diese Krankheitsgedanken als «vererbte Krankheit» ins physische Leben mitzunehmen. Richtig vererbte, das heisst von den Vorfahren weitergegebene Krankheit ist sehr, sehr selten und kann durch richtige Einstellung der Eltern stark abgeschwächt werden.

Liebe Mamis, liebe Papis, habt euer Kind lieb! Sprecht mit ihm, gebt ihm liebe Gedanken und Gefühle, streichelt es! Auch ungeboren ist es sehr empfänglich für Liebkosungen.

Auszug aus dem Buch «Ich kann sprechen» von Manuel David Coudris, Goldmann Verlag München:

«Meine Ohren hören schon sehr gut, und mein ganzer Körper reagiert auf laute Schwingungen mit Zuckungen oder Zusammenziehen. Am liebsten höre ich die Stimme

meiner Mutter, wenn sie zu mir spricht. Sie ist mir vertraut vom ersten Anfang an, da ich die Laute zu unterscheiden gelernt habe. Ihre Stimme ist weich und beruhigend. Wenn sie schreit, weiss ich, dass sie nicht zu mir spricht. Wenn sie zu mir spricht, sind ihre Töne ganz anders, als wenn sie zu jemand anderem redet.

Auch habe ich schon gelernt, wann sie zu meinem Vater redet. Es ist wieder verschieden, aber diese Laute geben mir ein ähnliches Gefühl, wie wenn sie mich anspricht.

Ich erkenne die Stimme meines Vaters, wenn er zu meiner Mutter spricht, dann ist sie ganz anders, als wenn er zu jemandem anderen spricht. Zu mir hat er noch nicht mit seiner Stimme gesprochen, aber mit seinen Händen. Ich habe deren Wärme und liebevolle, ruhige Ausstrahlung gefühlt. Seine Hände sind viel gösser als die von Mutter, und sie geben ein anderes Gefühl.

Immer wenn Vater die Hände über meine Bauchwohnung legt, verändert sich auch das Gefühl, das ich von der inneren Körperwärme meiner Mutter empfinde. Es fängt ganz fein zu vibrieren an, wie wenn Wärme und Liebe stärker schwingen würden. Es vermittelt ein totales Gefühl von «Geborgen-mit-ihnen-zusammen-sein»! Ich spüre an der Art der Vibration, die mich umgibt, ob meine Eltern gerade mit mir persönlich oder mit etwas anderem beschäftigt sind.»

Seht ihr jedoch in einem Baby nur Verzicht und Last, ist euch euer «nicht-babygerechtes» Leben lieber, überlegt es euch bitte vorher und lasst es gar nicht erst zu einer Schwangerschaft kommen.

Ob Schwangerschaft oder Abtreibung entscheide nach bestem Wissen und Gewissen. Wichtig ist: Stell dich voll und ganz hinter deine Entscheidung und lass dich nicht von all den gutgemeinten Ratschlägen konfus machen.

Zu dem heiss umstrittenen Thema «Abtreibung» möchte ich dir das Buch «Warum» von White Eagle /Joan Hodgson, erschienen im Aquamarin Verlag empfehlen. Die Seiten 110 bis 114 aus dem Kapitel «die Erbsünde» sind so wichtig, dass ich sie dir hiermit weitergeben möchte:

«Da Mann und Frau aus karmischen Gründen zueinanderfinden, und da die Ehe eine das ganze Leben ausfüllende Hingabe verlangt, um den Partner glücklich zu machen und sichere, glückliche Familienumstände für die noch ungeborenen Kinder zu schaffen, scheint es angebracht, diesen Schritt mit einer religiösen Zeremonie zu begehen, in der um Gottes Segen und Hilfe gebeten wird.

Die Art und Weise, wie die Anti-Baby-Pille in die Funktion der Hormondrüsen eingreift und sie verändert, ist für Menschen mit geistigen Erkenntnissen beängstigend. Diese Drüsen sind mit den Chakras — den Zentren übersinnlicher Energien im Ätherleib — eng verknüpft und sind für das Seelenleben des Menschen von tiefer Bedeutung.

Es scheint unverantwortlich und alles andere als weise, dieses umfassende Drüsengeschehen eines momentanen Sinnesgenusses wegen zu stören.

Auf der heutigen geistigen Entwicklungsstufe der Menschheit mit ihren Kenntnissen scheint es angemessen und richtig, die Zahl der Geburten einzuschränken, damit jedes Kind die bestmögliche Erziehung erhalten kann. Aus den oben genannten Gründen sollten daher technische Hilfsmittel für die Empfängnisverhütung eingesetzt werden. Verschiedene mechanische Methoden sind möglich und der Pille vorzuziehen.

Der Mensch muss noch viel lernen in Bezug auf Zeugung und Geburt. Warum muss es sein, dass gewisse Ehepaare während vieler Jahre erfolglos versuchen Kinder zu bekommen, während andere trotz sicher erscheinender Empfängnisverhütung Kinder nicht verhindern können? Gesunde Kinder, so scheint es, kommen nicht auf Bestellung, so sehr der Mensch auch meint, er wisse und verstünde auf diesem Gebiet alles.

Den Grund hierfür muss man natürlich in der Tatsache suchen, dass Eltern und Kinder karmisch eng miteinander verknüpft sind, manchmal während vieler Leben. Hierin liegt der wahre Kern des Bibelwortes «die Sünden der Väter wirken sich aus bis ins dritte und vierte Glied». Ohne Zweifel rührt die geschlechtliche Vereinigung an die tiefsten Wunrzeln des menschlichen Seins und ist daher ein machtvolles Mittel, sowohl Karma auszugleichen wie auch neues Karma zu schaffen. Das bringt uns zu der stark gefühlsbetonten Kontroverse der Abtreibung. Das

Problem ist uralt, denn verzweifelte Mädchen haben in allen Zeitepochen nach Mitteln gesucht, die Frucht ihres Leibes zu beseitigen, allzuoft mit tragischem Ausgang. Die moderne Praxis, wonach in vielen Ländern die Abtreibung unter medizinischer Betreuung möglich ist, ist den schrecklichen Hinterzimmer-Experimenten früherer Tage selbstverständlich vorzuziehen. Jedoch fühlen viele Frauen instinktiv, dass an der Abtreibung etwas falsch ist. Sobald ein Kind unterwegs ist, egal in welch schwieriger Lage die zukünftige Mutter auch sein mag, hat sie eine instinktive, gefühlsmässige Reaktion — tief und beinahe primitiv — das ungeborene Leben zu schützen und zu hegen.

Sind die Umstände schwierig, vielleicht sogar tragisch, dann kommen viele andere quälende, sich widersprechende Überlegungen und Gefühle hinzu, welche die verzweifelte junge Frau zu einer Abtreibung veranlassen. Doch das Gefühl für den Schutz des werdenden Kindes kommt erneut zum Durchbruch. Die viel freundlichere und besser sorgende Gesellschaft im neuen Zeitalter des Wassermanns wird diesen menschlichen Problemen mit viel mehr Liebe und Toleranz begegnen. Bereits in diesem Jahrhundert haben Organisationen wie die Heilsarmee und viele andere der alleinstehenden Mutter und ihrem Kind geholfen. Viele verlassene Mädchen können ihr Kind unter freundlichen Bedingungen gebären und haben die Wahl, ihr Kind entweder zu behalten oder zur Adoption freizugeben. Wie immer die Entscheidung auch ausfällt, sie kostet viel Angst, Nervenkraft und bittere Gefühle, wofür der Vater des unerwünschten Kindes einmal einzustehen hat — vielleicht in einem zukünftigen Leben in einer weiblichen Inkarnation, wenn er durch ähnliche Erfahrungen gehen muss, oder wenn er selbst spüren muss, was es heisst, das unerwünschte Kind einer solchen Vereinigung zu sein.

Ist die junge Frau gezwungen, sei es durch Furcht, durch den Druck der Umwelt oder durch ihr eigenes Unverständnis, zu einer Abtreibung Zuflucht zu nehmen, dann hinterlässt dies eine tiefe Kerbe in ihrem Seelengedächtnis. Zutiefst innen weiss sie, dass nur Gott Leben geben kann, und dass das Leben ein kostbares Geschenk ist. Dieses Geschenk, heute so leichtfertig weggeworfen, mag ihr in einem späteren Leben vorenthalten werden, so dass sie sich vergeblich nach Kindern sehnt. Das ist dann die Erfahrung, die sie auf sich nimmt, um sich von der Vergangenheit zu befreien. Ist eine Abtreibung aus Gesundheitsgründen und im Hinblick auf das Wohlergehen der Familie unumgänglich notwendig, dann ist das etwas ganz anderes. Es ist eine Frage weiser Erwägung und verantwortungsvoller Entscheidung von Seiten der Eltern. In voller Verantwortung und Liebe wird der traurige Entschluss gefasst, um dem Wohl der anderen gerecht zu werden. Eine solche selbstlose Haltung bringt Segen, denn eigenartigerweise gilt im Karma der Seele die Tat als solche nicht, sondern lediglich das Motiv und die Erinnerung an das Motiv. Liebevolles und sorgfältig durchdachtes Handeln wird stets gesegnet. Selbstsüchtige Taten, die zwecks Sinnesbefriedigung oder aus Bequemlichkeit ausgeführt werden, können ein schweres Karma für zukünftige Leben verursachen.

Die Beherrschung der sexuellen Energie wirft bei jungen Leuten vor ihrer Heirat naturgemäss mancherlei Probleme auf. Dasselbe gilt für jene, die aus karmischen Gründen auf ein natürliches Ventil in einer glücklichen Ehe verzichten müssen. Dennoch sollten diese Probleme keine unüberwindlichen Proportionen annehmen, wenn man sie in der richtigen Perspektive und im Zusammenhang mit den gesamten Erfahrungen des Lebens sieht. Es schadet niemandem, wenn der Versuch gewagt wird, den Geschlechtstrieb zu beherrschen und in andere Bahnen zu lenken. Wenn Karma ein normales Ventil in einer Ehe verhindert, dann heisst das: hier ist eine Gelegenheit, das kreative Feuer so in die Hand zu bekommen, dass es in irgendeiner Form des Dienens oder künstlerischen Schaffens eingesetzt werden kann. Des Menschen gesamte seelische und körperliche Energie kann verwendet werden, um unsere Erde in eine bessere und schönere Welt zu verwandeln. Die im Dienen eingesetzten Energien können tiefes Glück vermitteln — ein Glück, das umfassender ist als rein körperliche Befriedigung.»

Väter haben nicht nur bei der Zeugung eine wichtige Funktion, auch während der Schwangerschaft tragen sie viel zum Werden des Kindes bei!

Das Ungeborene nimmt die Liebe und Fürsorge, das bejahende Annehmen des neuen Lebens nicht nur von der werdenden Mutter, sondern auch vom werdenden Vater wahr und reagiert sehr positiv darauf.

Es ist der Emanzipation durchaus nicht abträglich, die Schwangerschaft mit einem Mann zu teilen.

VOR DER GEBURT

Ich weiss nicht, wer auf die Idee kam, den Muskelkontraktionen, die die Geburt einleiten, den unglücklichen Namen «Wehen» zu geben. Bei mir löst es immer Gedanken an Weh und Leid und Schmerz aus. Diese Assoziation, diese gedankliche Verbindung von Schmerz und Leiden mit etwas, das Lust, lustvoll ist, ist leider sehr tief im Unterbewusstsein der Frauen (und Männer!) verankert.

Es ist wichtig, dass du als werdende Mutter mit viel Freude, «Lust» und Vertrtauen deiner grossen Stunde entgegensiehst.

Schwangerschaftsturnen, Yoga sowie alle körperlichen Übungen, die dich in deine Mitte bringen, wie zum Beispiel Tai Chi, Eurhythmie und/oder Atemtherapien tragen dazu bei, dass dein Körper auf natürliche Weise vorbereitet wird.

Entspannungsübungen, autogenes Training, Meditation, Sing- und Atemübungen sind für dich, deinen Partner und dein Kind sehr hilfreich und wohltuend. Du solltest jedoch nicht erst in allerletzter Minute damit beginnen, denn auch hier: Übung macht den Meister.

Bitte mache aus solchen Übungen keinen Zwang, keinen Leistungsdruck, es soll dir wirklich wohl dabei sein.

Angst ist etwas Sinnloses. Sie erzeugt Verspannung und kann zu Komplikationen führen. Ärzte und Hebammen tragen hier eine grosse Verantwortung. Noch viel zu oft werden angehende Eltern nicht richtig, mangelhaft oder gar irreführend belehrt oder beraten.

Schmerzmittel, Narkose etc. sind nur in aller-, allerseltensten Fällen in Erwägung zu ziehen. Richtig vorbereitet und mit einem klaren Ja zum neuen Leben wird der so oft zitierte Schmerz von Lust und Freude aufgelöst.

Richtig vorbereitet ! …

Von der körperlichen Vorbereitung haben wir schon gesprochen. Genau so wichtig, vielleicht noch wichtiger ist die geistig-mentale Vorbereitung von Vater und Mutter.

Das Loslassen

Schwangerschaft, werdendes Leben ist **die** physische Aufgabe und Erfüllung des weiblichen Körpers. Er fühlt sich in dieser Zeit vollkommen und «ganz». Kommt nun das Ende dieser Zeit des «Ganzseins», passiert es oft, dass sich das «Ego» weigert, loszulassen. Der Körper, unterstützt von falschen Gedanken und nicht richtiger Lebenseinstellung, wehrt sich, die Frucht herzugeben. Mit List und Tücke versucht er nun, die Geburtsstunde zu verzögern oder hinauszuschieben…

Ich glaube, es ist schwer in diesem Moment ganz ehrlich mit sich zu sein. Oft realisieren wir auch kaum, was unser «Ego» mit uns treibt. Es ist fast so, als ob wir auf verschiedenen Ebenen oder in verschiedenen Sprachen mit uns selber sprechen. Der Kopf versteht; die Gefühle verstehen nicht und unser «Ego» oder Unterbewusstsein will noch einmal anders...

Um uns von uns selber nicht hinter's Licht führen zu lassen: Vorbeugen ist besser als Heilen!

Denke voraus. Immer wieder spielst du in Gedanken die Geburt deines Kindes durch; in freudiger Erwartung, ohne Schmerz, ohne Festhalten, ohne Komplikationen. So kann sich dein ganzes Ich an das Loslassen gewöhnen. Angst, Panik, Unlustgefühle und was der unangenehmen, störenden Seinszustände mehr sind, zeigen sich so schon früh und können noch ver- und bearbeitet werden.

Die beste Zeit für diese gedankliche Vorbereitung ist die Zeit vor dem Schlafengehen, wenn du schon wohlig warm im Bett liegst. Es ist auch möglich diese Vorbereitung zu zweit zu machen, denn auch Papis können, zwar seltener, den hemmenden Angstgedanken in sich tragen. Wenn ihr zu zweit übt, sprecht die Gedanken aus, empfindet und fühlt sie miteinander. Auch Männer dürfen dazu stehen, dass sie Angst haben. Sich richtig eingestandene, bewusst gemachte Angst kann auch erfolgreich bekämpft und bearbeitet werden.

Der Sinn dieser Übung: dass ihr euch ungetrübt freuen könnt!

DIE GEBURT

Stell dir vor, du bist eine sehr lange Zeit an einem herrlich warmen, dunklen Ort. Du fühlst dich so richtig wohl. Du hast alles was du brauchst, nichts fehlt dir. Nur langsam wird es ein bisschen eng hier. Dein ganzes Ich drängt nach aussen. Das nach-aussen-gehen ist keine Qual. Ein bisschen mühsam und manchmal ein bisschen unbequem, aber etwas ganz Normales und Natürliches. Du freust dich richtig auf dein neues Sein…

Hast du mitgefühlt? So ungefähr ist die Geburt deines Kindes.

Liebe werdende Eltern, lasst das Geburtserlebnis bitte nicht zu einem Alptraum werden.

Grelles Licht (Neonlampen sind am unangenehmsten), ein zu kühler Raum, Hektik, Lärm, Missstimmung, schlechte Laune der Anwesenden können einen Schock bei unserem kleinen Erdenbürger auslösen.

Was aber noch viel schlimmer ist: wenn ihr euch aus irgend einem Grund nicht freut, enttäuscht seid oder das kleine Kind gar ablehnt. Ein Neugeborenes ist so sensibel, dass es alle Gefühle und Gedanken, inklusive der Gefühle der Hebamme, des Arztes und der sonst anwesenden Personen, aufnimmt und als einen Grundstein in sein Lebensfundament einbaut.

Bitte versucht, in diesem, für das Kind so wichtigen Moment das Kind einfach anzunehmen und zu lieben. Ob Mädchen oder Bube, ob blond oder braun oder ohne Haare…

Versucht bitte in diesem Moment alle eure gedachten Wünsche beiseite zu lassen und einfach in Liebe, Freude und Dankbarkeit für euer Kind da zu sein.

GEBURTSGEBRECHEN

Das, was ich dir zu sagen habe, sind vielleicht ganz neue ungewohnte Gedanken. Auch stimmen sie, oberflächlich gesehen, nicht mit allen Religionen oder Lehren überein.

Und doch liegt jeder Lehre, jedem Weg die Ur-Wahrheit, das göttliche Gesetz zugrunde.

Nimm zum Beispiel die Farbe Rot. Rot ist und bleibt rot, obwohl es hunderte, ja tausende von Nuancen gibt. Zum Teil haben sie eigene Namen, die meisten jedoch sind ohne die Möglichkeit einer genauen Beschreibung.

Genauso ist es mit dem Wissen: die Quelle ist und bleibt die gleiche, das göttliche Gesetz. Nur wie wir es in Worte fassen, es verstehen, ist bei jedem Menschen ein klein wenig anders.

Dein Kind ist mit einer physischen oder psychischen Deformation zur Welt gekommen. Verständlich die Frage: Warum ausgerechnet mein Kind?

Hader, Gott verfluchen, dem Kinde böse sein, verbittert, in Selbstmitleid zerfliessend, lieblos sein, ist auf eine Art verständlich, bringt jedoch dir, deinem Kinde und deiner Umgebung nur Leid und Schaden.

Versuch den Sinn der grossen Aufgabe, die auf dich zukommt, zu verstehen; zu erkennen und zu erahnen, warum sich dein Kind einen deformierten, missgestalteten Körper und dich als Mutter oder Vater ausgewählt hat.

Nie ist Leiden oder Gebrechen, Geburtsbehinderung oder auch später entstehende Gebrechen eine Strafe für begangene Sünden. Weder die Eltern noch das Neugeborene werden für Sünden aus diesem oder einem früheren Leben bestraft.

Dieses falsche Verstehen von Karma*), von Reinkarnation*) oder Wiedergeburt gehört zum Aberglauben, zu den Irrlehren, zum Totreden oder Überschreienwollen der Wahrheit. Nie und nimmer haben wir einen sadistischen, strafenden Gott — einen göttlichen Plan, der kleinlich, nachtragend und rächend ist. Nur kleinliche Menschen, die nicht verzeihen können, zwängen den allumfassenden, liebenden Gott in ihre strafenden Phantasiegebilde.

Das grosse WARUM ist immer noch da.

Bevor nun eine Seele sich entschliesst, ein Leben auf dem Planeten Erde zu verbringen, sucht sie sich die idealsten Bedingungen für die Erfahrungen, die sie machen möchte, aus. Das heisst, sie sucht sich Zeit, Erdteil und Eltern aus.

Es ist meistens nicht nur ein Elternpaar, das die Bedingungen erfüllen würde. Ob die Eltern auch dazu bereit sind?

Im Tiefschlaf kann sich unsere Seele vom Körper lösen und mit nichtinkarnierten Seelen in Kontakt kommen.

---

*) Ausdrücke wie Karma, Inkarnation etc. werden im Buch «Antwort deiner Seele» von der gleichen Autorin besprochen.

In solchen Momenten der ausserkörperlichen Kontakte planen und beschliessen nun die Seelen der zukünftigen Eltern, die zur Inkarnation (Wiedereinkörperung) bereite Seele sowie deren zukünftige Geschwister oder Pflegeeltern, dass sie den Weg zusammen gehen und die Erfahrungen und zum Teil auch die Leiden miteinander teilen wollen.

Warum eine Seele ein Leben in Behinderung wählte, wird mehr oder weniger immer ihr Geheimnis bleiben, dass sie sich jedoch dieses Leben in **dieser** Form gewählt hat, ist sicher. Auch die Eltern-Seelen haben diesem «Schicksal» bejahend zugestimmt.

Nimm das Ja deiner Seele an, denn du bist Seele!

Dein Ego, dein äusseres, grobstoffliches Ich mag sich vielleicht zur Wehr setzen. Lass dich von ihm nicht tyrannisieren oder unterdrücken. Horch auf deine innere Stimme. Glaub mir, sie ist da.

ANGST

Angst hat so viele Gesichter. Kennst du sie alle, die Ängste deines Kindes?

Oft ist sie kaum erkennbar und doch ist Angst die Ursache von unzähligen Leiden, Krankheiten und psychischen Störungen.

Kindliche Ängste zu verstehen, nachzufühlen und nachzuvollziehen, erfordert von dir viel Verständnis, Vertrauen und Liebe zu deinem Kind. Und etwas, das eigentlich das allerwichtigste ist, deine Erinnerung an deine Kindheit, an deine gehabten Ängste und Probleme...

Du erinnerst dich nicht?

Frag dich einmal ganz ehrlich: Warum nicht? Was hindert dich am Zurückschauen?

Schämst du dich,
- dass du einmal vor irgend etwas, das dir heute als lächerlich erscheint, Angst gehabt hast?
- weil dich jemand deiner Ängste wegen ausgelacht, verspottet hat?
- Wurdest du wegen einer Angst bestraft?

- Hattest du Angst vor Strafe, vor Liebesentzug, vor Unverstandensein?

Es gibt so viele Gründe; geh auf die Suche nach den Ursachen. Geh auf die Suche nach deinen heutigen und einstigen Ängsten.

Das Gefundene, das Ergebnis deiner Suche wird dir helfen, dein Kind besser zu verstehen, und vor allem wird es dir helfen, deinem Kind wirklich Hilfe zu geben.

Angst muss und soll nicht sein! Sie ist nur Ergebnis eines falschen «Seins-Zustandes», eines falschen Denkprozesses.

Anneli

Anneli wird schon bald vier Monate alt. Ein gesundes, ruhiges kleines Mädchen, das man einfach lieb haben muss. Mama kann stillen und die Eltern haben ihr kleines Töchterchen sehr lieb.

Doch jeden Abend, immer zwischen 18 Uhr und 21 Uhr wird Anneli unruhig, schreit verzweifelt und nichts kann sie beruhigen. Die Eltern und der Arzt stehen vor einem Rätsel.

Ich bitte die Mutter, sich an die Schwangerschaft zurück zu erinnern, hauptsächlich an die Abendstunden. Es kommt ihr in den Sinn, dass ungefähr im dritten Schwangerschaftsmonat der zukünftige Papi sich in eine neue Arbeitskollegin verguckt hat, er liebte seine Frau ehrlich und freute sich auch sehr auf sein Kind und doch zog ihn die andere Frau unwiderstehlich an. Immer öfters rief er zu Hause an, dass er später heim komme. Langsam schlichen sich Angst, Verzweiflung und Wut in die Wohnung ein. Je näher der Feierabend kam, desto unruhiger wurde die junge Frau und wenn um 19 Uhr das Telefon klingelte, weinte sie verzweifelt.

Die Eltern haben sich wiedergefunden und sind in alter Liebe vereint. Auch glaubt die junge Mutter, dass sie ihrem Manne vergeben hat, und doch schreit Anneli noch jeden Abend.

Annelis Mami muss nun die kritische Zeit in ihr Gedächtnis zurückrufen. Es ist ihr nicht wohl dabei, sie hat diese Begebenheit schon so gut in ihrem Unterbewusstsein «versteckt». Es ist wichtig, dass sie diese Zeit, dieses gut verdrängte Erlebnis noch einmal mit der «Traumarbeit», mit dem «Reinigen des Unterbewussten» bearbeitet.

Es ist so wichtig, dass die ganze damalige Wut, die ganze Verzweiflung und die Angst nochmals aus dem Versteck hervorgeholt werden. Die ganze Situation muss noch einmal «bearbeitet» und «richtiggestellt» werden.

Die Anleitung und Beschreibung der «Traumarbeit» findest du auf Seite 166 ff.

Einen Monat später:
Anneli schreit nur noch, wenn Hunger, schmutzige Windeln oder Langeweile sie plagt. Die allabendlichen «Gesangsstunden» sind vorbei. Mama hat keine unterdrückte Angst und nichtverarbeitete, unterdrückte Wut mehr in sich. Anneli ist überglücklich; Mama und Papa haben sich noch viel lieber als zuvor.

SCHOCK

Ein Schock im Babyalter kann nur durch dich als Vater oder Mutter bearbeitet werden. Dazu eignet sich am besten die auf Seite 166 ff beschriebene «Traumarbeit».

Warst du am Schockerlebnis nicht mitbeteiligt oder warst du gar nicht dabei, so kannst du auch deine Phantasie zu Hilfe nehmen und in Gedanken eine ähnliche Situation konstruieren.

Am besten ist es, wenn du dein Kind geborgen in deinen Armen hältst, wenn es sich so richtig wohl fühlt. Aber bitte nicht vor, während oder unmittelbar nach dem Stillen. Essen und Aufregung vertragen sich schlecht miteinander.

Das gedankliche Umwandeln des Schock-Erlebnisses in eine glücklich verlaufende Begebenheit wird vom Unterbewusstsein deines Kindes aufgenommen und der Schock, das schreckhafte Erlebnis kann aus dem Unterbewusstsein losgelöst und verarbeitet werden.

Als unterstützendes «Mittel» sind die «Notfalltropfen» von Dr. Edward Bach hilfreich. Die Tropfen sollten jedoch nur als unterstützendes Mittel gegeben werden. Sie ersetzen auf keinen Fall vom Arzt verschriebene Medikamente oder das «arbeiten» mit deinem Kinde.

Bezugsquellennachweis:

- Dr. Edward Bach Centre
  German Office
  Eppendorfer Landstrasse 32
  D-2000 Hamburg 20

- Apotheke Dr. Noyer AG
  Marktgasse 63/65
  3011 Bern

Literaturhinweise:

- Gregory Vlamis
  Die heilenden Energien der Bach-Blüten
  Aquamarin Verlag, Grafing

- Edward Bach
  Blumen, die durch die Seele heilen
  Hugendubel Verlag, München

- Mechthild Scheffer
  Bach Blütentherapie
  Hugendubel Verlag, München

Benni

Benni ist zwei Jahre alt. Jede Nacht erwacht er weinend und muss sich zwei- bis dreimal erbrechen. Benni hat Angst, seine Gefühle sind total durcheinander.

Die Ursache:
Benni fährt mit seiner Tante im Auto. Er sitzt in einem auf dem Beifahrersitz befestigten Kindersitzli und kommt sich sehr gross vor. Vor ihnen fahren Papa und Mama auf einem Motorrad. Benni hat seinen Spass daran.

Doch plötzlich... ein Unfall...
Mama, Papa und Motorrad fliegen durch die Luft, knallen auf den Boden und bleiben erst reglos liegen. Die Eltern hatten Glück im Unglück. Bis auf einige kleinere Verletzungen ist alles heil geblieben. Schon nach wenigen Wochen sind alle Verletzungen ohne Komplikationen ausgeheilt. Auch der Schock der Eltern zeigt bei ihnen keine weiteren Folgen.

Nur Benni... vier Monate später ist er noch nicht zur Ruhe gekommen.

Bei solchen Traumen sollten, wenn immer möglich, die Eltern zusammen mit dem Kinde vor dem Schlafengehen arbeiten.

Dazu benötigen wir ein grosses Blatt Papier und Farbstifte. Nun zeichnen die Eltern das Geschehene als eine Art

Comic, eine Bildgeschichte auf. Das Ganze soll wenn möglich auf eine einfache, fröhliche, evtl. sogar lustige Art dargestellt werden. Im Fall von Benni zum Beispiel, wie die Schutzengel die Eltern auffangen, oder die Eltern bekommen Flügel oder Fallschirme etc. …

Benni darf mithelfen. Er darf durchstreichen, darübermalen, das Papier zerknüllen, zerreissen, auslöschen, wegwischen, wegwerfen. Animiere dein Kind, das was ihm nicht gefällt zu zerstören.

Nur einmal musste mit Benni dieses Zeichnen gemacht werden. Er nahm einen schwarzen Stift und schmierte so lange auf dem Unfallbild herum, bis vom Papier nichts mehr übrig war. Schon in der ersten Nacht schlief er wieder durch. Am zweiten Abend wollte er nichts mehr von dieser Art Zeichnen wissen. Seit diesem Abend hat Benni kein Erbrechen und keine Schlafstörungen mehr.

Vielleicht genügt bei deinem Kind ein einmaliges Zeichnen nicht. Benni war wirklich ein Idealfall. Hab Geduld und wiederhole das Zeichnen in verschiedenen Variationen.

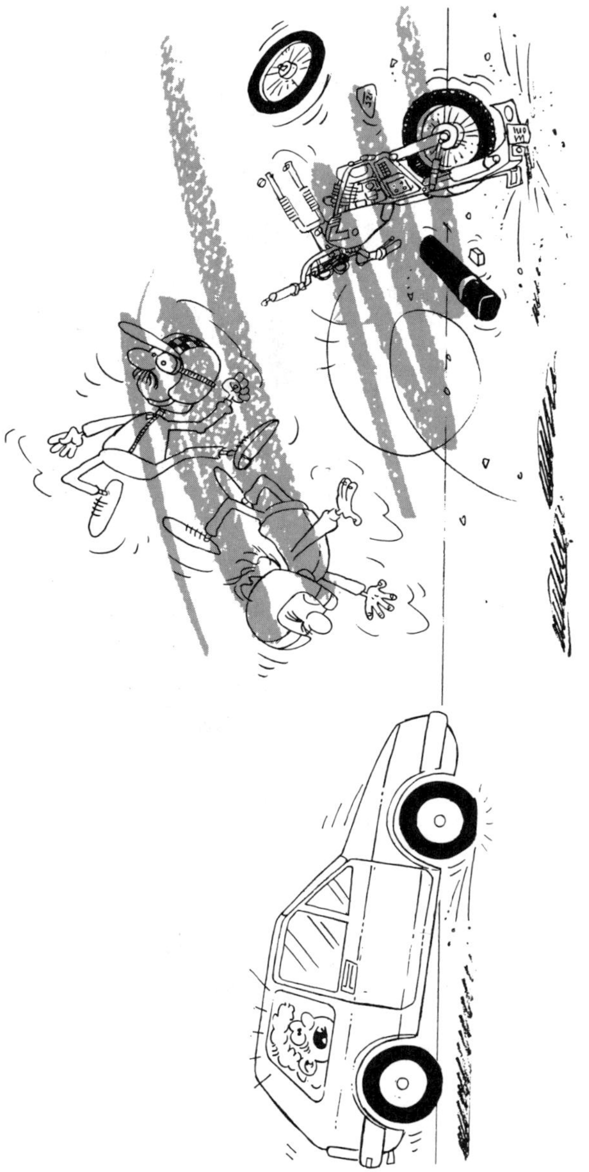

ALPTRÄUME

Cecile ist ein übermütiges, fröhliches dreijähriges Mädchen. Voll Lebensfreude purzelt sie durch den Tag und schläft abends ohne Probleme ein. Jede Nacht jedoch, zirka eine bis zwei Stunden nach dem Einschlafen, fängt Cecile zu weinen an. Nach dem Grund des Weinens gefragt erzählt sie ängstlich: eine Ziege kommt die Treppe herauf und will mich beissen.

Die Erklärung, dass Ziegen nicht Treppensteigen können und dass Cecile ja im zweiten Stock wohne, hat das nächtliche Weinen nicht zum Verschwinden gebracht. Auch ist Cecile in ihrem kurzen Leben noch keiner lebenden Ziege begegnet.

Vor dem Schlafengehen sollten nun die Eltern mit Cecile folgendes Spiel spielen:

Mama bleibt als «Helfer in der Not» im Kinderzimmer. Papa hängt sich vor verschlossener Tür ein Tuch über den Kopf und setzt sich einen alten Hut (Hörner) auf. Cecile wartet bei ihrem Bettchen. Nahe der Türe liegt der Teddy oder sonst ein Liebling von ihr. Papa kommt nun auf allen Vieren herein und versucht, den Teddy zu beissen. Cecile stürzt sich auf die «Ziege», reisst ihr Hut und Tuch weg und «rettet» somit ihren Teddy.

Das Spiel sollte nach dem Zähneputzen, unmittelbar vor dem Zubettgehen gespielt werden. Die Aufregung des

Kampfes beruhigt sich sehr schnell, wenn von Mama oder Papa (noch besser von beiden zusammen; macht Spass!) ein, zwei Lieder gesummt werden. Vielleicht noch eine Zugabe nach dem Lichterlöschen.

Drei Tage später schläft Cecile wie ein Herrgöttchen die ganze Nacht durch. Das Unterbewusstsein des Kindes hat das «sich zur Wehr setzen» gelernt und kann sich somit auch im Traum wehren. Es ist gut, das Spiel hin und wieder zu wiederholen.

Ob Mama oder Papa die Ziege spielt, hat keinen Einfluss, von Vorteil jedoch ist, wenn ein «Helfer in der Not» im Zimmer ist.
Sehr, sehr wichtig ist, dass immer das Kind gewinnt und dass das Gewinnen schmerzlos, fröhlich und leicht ist.

Dieses Spiel ist nicht nur gegen treppensteigende Ziegen gut. Damit lernt dein Kind seiner Angst, seinen Alpträumen, seinen Plaggeistern entgegenzutreten, ihnen mit Mut entgegenzusehen und im Bedarfsfall auch zu bekämpfen. Es übt im Spiel dies Tun, bis sein Unterbewusstsein das Sich-zur-Wehr-setzen als «normal» ansieht. Sein Leben wird viel angenehmer und leichter werden. Es lernt, sich nicht nur gegen Angst und Alpträume zu wehren, sondern auch tägliche Angstmomente, furchteinflössende Nachbarn und Lehrer verlieren ihren Schrecken. (Ich bitte alle Lehrer, natürlich nur die, die es nicht angeht, um Entschuldigung, dass ich ein Schreckgespenst aus ihnen gemacht habe.)

Diese abendliche «Arbeit» muss nicht immer ein tobender Kampf sein, diese Art von Verarbeiten und Trainieren des Unterbewusstseins kann auch zeichnerisch oder als Geschichte erzählt gemacht werden.

DIE GESCHICHTE VOM DRACHEN

Vor vielen hundert Jahren gab es ein kleines Dorf in einem wunderschönen Tal. Die Menschen, die hier wohnten, konnten sich des Reichtums und der Schönheit nicht erfreuen, denn sie hatten Angst. Jeden Monat, immer zur gleichen Zeit, kam ein furchterregender Drache und forderte ein Kind zum Frass. Weigerten sich die Leute, brannte er ihre Felder und Häuser nieder und im Kampf blieb immer der Drache Sieger.

Eines Tages kam ein fremder Wandersmann ins Dorf und fragte nach der Ursache der Trauer. Sie erzählten von ihrem traurigen Schicksal und baten ihn um Rat und Hilfe.

Der Fremde flüsterte dem Knaben, der das nächste Opfer sein sollte, etwas ins Ohr und zog weiter.

Der gefürchtete Tag kam. Weiss gekleidet schritt der Knabe dem Drachen entgegen. Aufrecht, sicher und ohne Angst schaut er ihm in die Augen. Der Drache wurde unsicher... Immer noch, der starke, mutige Blick... Der Drache zögert...

Du kannst mich gar nicht fressen; du bist gar nicht!

Seither leben die Leute glücklich und in Harmonie. Und wenn irgend eine Angst oder ein Unbill umgeht, hört man sie vor sich hinmurmeln:

Du kannst mich gar nicht fressen; du bist gar nicht!

SCHOCK BEI GRÖSSEREN KINDERN

Ist dein Kind schon im Kindergartenalter, soll es die Zeichnungen — es müssen ja keine Kunstgemälde sein — selber zeichnen. Als Vater oder Mutter solltest du in Reichweite sein, dein Kind beobachten, um in kritischen Momenten da zu sein, zu trösten, zu helfen, zu stützen.

Wichtig ist, dass auch «nicht schöne» Farben bereit liegen. Schwarz, grau, dunkelbraun etc. dürfen auf keinen Fall fehlen. Genauso muss ein Dunkelrot und ein Knallrot da sein.

Nun soll das Erlebte, wenn möglich in einer Art Comic (Bildgeschichte) gezeichnet werden. Es kann durchaus auf einem Bild gezeichnet werden, nur sollte der «Werdegang» ungefähr der Reihenfolge des Erlebten entsprechen. Wichtig ist — und vielleicht musst du das erste Mal dabei helfen — dass das Ende der Geschichte immer mehr und mehr in ein harmonisches, positives Ende umgewandelt wird.

Bitte beim Zeichnen ja nicht mit Papier und Bleistiften sparen!

Noch grössere Kinder können auch schon sehr gut mit der «Traumarbeit» (siehe Seite 166 ff) umgehen. Vielleicht erzählst du ihm am Abend, vor dem Schlafengehen die

Geschichte. Es gibt dem Kind das Gefühl von Geborgenheit und Vertrauen.

Noch eine ganz wichtige Randbemerkung:
Je mehr du in dir das Geschehene verarbeitet und akzeptiert hast, desto leichter fällt es deinem Kinde, das Erlebte und seine Folgen anzunehmen und zu verarbeiten.

Auch für grössere und grosse Kinder sind die «Notfalltropfen» ein sehr hilfreiches Mittel.

UNHOLDE, BÖSEWICHTE, TRIEBTÄTER

Ist dein Kind ein Opfer eines «Triebtäters», eines Unholdes geworden und du möchtest ihm helfen, das Erlebte zu «vergessen» und zu verarbeiten?

Dieses Helfen erfordert zuerst von dir viel Eigenarbeit. Es fordert von dir, dass du mit viel Mut und Vertrauen über deinen eigenen Schatten springst. Du musst lernen, ein völlig neues Gedankenbild in dich aufzunehmen. Zu lange haben wir allgemeine, nicht unbedingt der Wahrheit entsprechende Gedankenmuster übernommen. Davon musst du dich lösen.

Der erste Schritt: ohne Hass an diesen Meschen denken!

Ich weiss, dieses Umdenken ist schwieriger als man sich vorstellt. Es genügt nämlich nicht, dass du nur in deinem Kopf denkst. Deine ganzen Gefühle, dein ganzes Sein muss dieses neue Gedankenmuster übernehmen und (er-)leben.

Frage dich einmal, warum dieser Mensch, dieser «Unhold» so gehandelt haben könnte. Was hat ihn dazu getrieben, diese Tat zu vollziehen? War sein Geist verwirrt? War er in diesem Moment geblendet von Verzweiflung und Schmerz? Hat er die verzweifelten Hilferufe seiner Seele nach Liebe missverstanden und sich «Liebe» mit Gewalt nehmen wollen?

Du wirst kaum je den wahren Grund wissen. Aber dieser Mensch und vor allem dein Kind brauchen Hilfe!

Du **kannst** helfen!

Diese Art zu denken, diese Art zu sein, heisst noch lange nicht, jedes Tun zu akzeptieren. Den Übeltäter jedoch zu verdammen?...

Etwas, das du in deinem ganzen Leben nie mehr vergessen solltest: jeder ausgesandte Gedanke, ob gut oder böse, kehrt früher oder später zu dir zurück.

Denke in Liebe an diesen verzweifelten, sich auf einem Irrweg befindlichen Menschen. Meditiere auf Licht und Liebe und hülle diesen Menschen und dein Kind in Licht.

Auf den Seiten 147 bis 151 findest du die Anleitung zu Lichtmeditation und Lichthülle.

Versuche, allen Hass, alle Wut und alle zerstörenden Gedanken in Licht, Liebe und Verständnis aufzulösen. Lehre dein Kind — und das ist erst möglich, wenn **du** es kannst — in Liebe zu denken. So hilfst du deinem Kinde das Erlebte zu verarbeiten. Du gibst deinem Kind mit diesem «Lichtdenken» ein wertvolles «Werkzeug» für sein ganzes Leben in die Hand.

Du hilfst damit auch dem irrgeleiteten Menschen auf den richtigen Weg zurück, damit nicht noch mehr Leid und Unglück geschehen muss.

Und dir selber hilfst du, dass nicht Hass und Wut deinen Körper vergiften und krank machen müssen.

LOSLASSEN

Maurice ist den ersten Tag im Kindergarten. Alle Mamis sind noch da. Es gefällt ihm sehr gut.

Am zweiten Tag lassen die Mütter ihre Kinder zirka eine Stunde allein. Maurice weint. Er will nicht alleine hier bleiben. Dieses Spielchen wiederholt sich nun jeden Tag. Nach zwei Wochen erklärt die Kindergärtnerin, Maurice sei noch zu klein, er solle lieber erst nächstes Jahr kommen.

Damit sind nun aber die Eltern nicht einverstanden, sie ziehen den Schulpsychologen bei: Maurice **ist** kindergartenfähig! Die Fronten verhärten sich... endlich sechs Wochen Sommerferien, sechs Wochen «Waffenstillstand»!

In den Sommerferien gehen wir auf die Ursachensuche.

Mama möchte eigentlich schon, dass ihr Kind in den Kindergarten geht, so hätte sie doch jeden Morgen wieder zwei Stunden für sich. Aber diese Lehrerin! Die junge Mutter kann sie nicht ausstehen. Sie müsste ja ihren lieben, kleinen Maurice mit ihr teilen! Wenn es doch eine nette Frau wäre! Aber so eine!

Verbal, im Gespräch vermittelt Mama ihrem Kind: es ist wirklich schön und lustig in den Kindergarten zu gehen; ihre Gefühle sagen jedoch genau das Gegenteil.

Gefühle sind für Kinder so real wie das Gesagte. Maurice ist hin- und hergerissen. Eigentlich gefällt es ihm bei den anderen Kindern und auch das Fräulein hat er gerne, aber Mamas Gefühle sagen ja: da ist es nicht gut... Er ist verunsichert. Er weiss nicht, was er soll und was er darf. Er weint und trotzt und durch diese Unsicherheit wird er mit jedem Tag aggressiver.

Für Mama beginnt nun ein harter Kampf mit sich selber. In Gedanken geht sie zurück zur Geburt. Maurice kam drei Wochen zu spät (Verzögerungstaktik des Ego). Er war so in seine Nabelschnur verwickelt, dass ein Kaiserschnitt notwendig wurde (nicht loslassen wollen, das Kind an sich fesseln). Mama stillte etwas mehr als zwei Jahre (das Kind nicht selbständig werden lassen). Mama hütet Maurice eifersüchtig. Niemand durfte ihn auf den Arm nehmen. Schon gar nicht Papa, er sei grob, verstehe nichts von Babies und überhaupt... Zu Oma und Opa in die Ferien... so ein kleines Kind kann man doch nicht einfach weggeben. Man sei doch keine Rabenmutter... und zu den Schwiegereltern, dahin schon gar nicht...

Sobald nun Mama gelernt hat, ihre Besitzansprüche für ihr Kind abzubauen und aufzulösen, sobald sie verstanden und akzeptiert hat, dass nicht nur **sie** der einzige Mensch im Leben ihres Kindes ist, sind diese Schulkonflikte von Maurice gelöst. Maurice wird mit viel Spass und Vergnügen in den Kindergarten gehen.

MÄDCHEN ODER BUBE

Petra steht im Tor. Wegen ihrer kurzen Beine ist sie für die Fussballmannschaft sonst nicht zu gebrauchen, aber als Torhüter ist sie gar nicht so ohne. Hier ist Petra glücklich, hier darf sie mitspielen. Aber sonst?

Die Buben wollen unter sich sein. Mädchen sind bei ihren Spielen nicht «zugelassen». Und bei den Mädchen? Petra mag ihr Getue nicht. Diese langweiligen Puppen, diese Kleiderfragen, dieses gezierte Getue. Petra fühlt sich allein und unverstanden.

Gehen wir in Petras Leben zurück. Wir müssen schon sehr, sehr weit zurückgehen, um die Wurzel des Problems zu finden; bis in die Schwangerschaft reichen sie zurück.

Petras Eltern hatten schon drei liebe, gesunde Mädchen. Nun wünschten sie sich noch einen Stammhalter. Eigentlich kamen sie gar nicht auf die Idee, dass es wieder ein Mädchen sein könnte. In dieser Schwangerschaft war alles ein kleines bisschen anders. Und die Nachbarin bestätigte es auch: so ein spitzer Bauch, das muss ja ein Junge werden! Auch die im Pendeln «bewanderte» Freundin behauptete, es werde ein Bub.

Ohne Komplikationen kommt das Baby zur Welt. Der Kommentar der Hebamme: Ach nein; schon wieder ein Mädchen! Die Eltern sind sprachlos. Sie wollten doch einen Jungen. Was sollen sie mit einem Mädchen, sie hatten sich ja nur Jungennamen ausgesucht!

Am Anfang war die Enttäuschung gross. Heute haben sie Petra jedoch genau so lieb, wie alle anderen Kinder. Und doch, Petra fühlt sich allein und unverstanden.

Trägst du ein Kind unter deinem Herzen, versuche dich bitte nicht zu sehr auf ein Mädchen oder einen Jungen festzulegen. Alle noch so «sicheren» Methoden können falsch oder irreführend sein.

Ist dir dieses Fehldenken, dieses Fehlverhalten unterlaufen und du bist dir dessen heute bewusst, habe bitte kein schlechtes Gewissen. Du kannst es heute noch gutmachen.

Bei Babies und Kleinkindern hast du die Möglichkeit des suggestiven, positiven Denkens. Je intensiver du dich in dein Kind eindenkst, mitfühlst, desto besser erreichst du es.

Nimm dein Kind auf den Arm. Nimm ganz still Kontakt auf mit ihm und meditiere oder konzentriere dich auf folgende Sätze:

- Ich bin glücklich, dass du ein Mädchen (oder Junge) bist.
- Du bist ein Mädchen (oder Junge) und bist genau richtig so wie du bist.
- Es ist deine, von deiner Seele gewünschte Aufgabe, als Mädchen (oder Junge) zu leben. Erfülle sie mit Freude und aus ganzem Herzen. Ich freue mich mit dir.

Diese Sätze sind nur Denkanstösse. Biege sie für deine Bedürfnisse und für deine innere Überzeugung zurecht.

Für grössere Kinder und vielleicht auch für dich selber findest du im dritten Teil dieses Buches, ab Seite 163, wie du mit falschen Gedanken deiner Eltern oder mit Fehlverhalten dem Neugeborenen gegenüber fertig wirst und wie du solche Traumen aus deinem Unterbewusstsein löschen kannst. Viel Leiden und Fehlverhalten sind auf Geburtsenttäuschungen zurückzuführen.

WER SEIN KIND LIEBT, ZÜCHTIGT ES

Wer sein Kind liebt, züchtigt es...
Verstehst du das?

- Ganz sicher heisst das nicht, dass du dein Kind zum Krüppel schlagen sollst.
- Sicher auch nicht, dass du ihm einen komplizierten, alle Nachbarn zum Staunen bringenden Dressurakt einstudieren sollst.
- Auch nicht, dass du deinen «Nachwuchs» an «kurzer Leine» führst,
- oder ihn gar in die Schablone eines «Wunsch-» oder «Idealkindes» presst.

Was uns diese Bibelstelle zu sagen hat?

... züchtigen — Zucht — Züchter ...

Fragen wir einmal einen Züchter, was für ihn Zucht ist. Sicher will ich nicht Kinder mit jungen Hunden vergleichen und doch glaube ich, dass sich das Wort «züchtigen» sehr gut mit einem Beispiel aus der Tierwelt vergleichen lässt.

Will nun ein Züchter eine bestimmte Eigenschaft bei seinen Jungtieren fördern, so wählt er Zuchttiere (Eltern) mit dieser Eigenschaft aus. Diese Eigenschaften werden dann von Geburt an den Jungtieren weitervermittelt.

Ist es bei uns Menschen nicht auch ein wenig so? Ich glaube kaum, dass der Vater, der seinen noch nicht einmal dreijährigen Sohn anschreit: «Verdammt nochmal, hör endlich auf zu fluchen!», wirklichen Erfolg haben wird. Vielleicht, wenn er noch mit Strafe und Prügel nachhilft, lernt der Junge bald, in Gegenwart seines Vaters nicht mehr zu fluchen. Der «Erfolg» dieser Erziehung wird sich auf das Kind sehr ungünstig auswirken.

Je nach Konstitution und Sensibilität des Kindes werden Hinterlist, Aggressivität und Unehrlichkeit oder aber vermehrte Krankheitsanfälligkeit die Folge sein.

Stört dich bei deinem Kind ein Verhalten oder eine Ausdrucksweise, suche bitte zuerst bei dir, ob nicht eventuell DU die Quelle dieses Tuns sein könntest.

Bist nicht du die Ursache, schau dir bitte deinen Partner oder alle anderen Personen, die in engerem Kontakt mit deinem Kinde stehen, an. Pass aber auf, dass du den «Schwarzen Peter» nicht aus Stolz, Scham oder Unehrlichkeit weiterschiebst.

Wenn du die Ursache bist — ich glaube, darüber müssen wir nicht allzuviele Worte verlieren. Dass DU dich änderst, die «Unart» fallen lässt, ist der einzige Weg zum Erfolg.

Bist nicht du die Ursache, sprich bitte mit der «fehlbaren» Person. Bitte sie, in Gegenwart deines Kindes, dieses störende Tun möglichst zu streichen. Vielleicht diese «Unart» sogar ganz aus ihrem Leben wegzulassen. Bitte geh aber nicht wie eine wild gewordene Wespe auf den «Fehlbaren» los, sondern versuche, sachlich und wenn möglich ohne Emotionen (Gefühlsausbrüche) über dieses Problem und seine Auswirkungen zu sprechen.

Hat der oder die Angesprochene kein Musikgehör für deine Probleme oder ist er nicht gewillt, seine «Unart» wegzulassen, bestrafe bitte nicht dein Kind für die Uneinsichtigkeit eines andern. Wut und Hass lassen die Fronten sich nur verhärten und die Belastung für dein Kind wird dadurch um vieles grösser.

Liebende, lichte Gedanken sind ein phantastisches Mittel. Vergiss das nie, und wende sie grosszügig und «verschwenderisch» an. Gegen Lichtmeditation und Lichthülle kommt der hartgesottenste Schwerenöter nicht an. Im dritten Teil dieses Buches findest du Anleitung und Hilfsmittel, wie du dein Kind vor Sturheit und Uneinsichtigkeit schützen kannst. Probiere sie aus! Lichtmauer, Spiegel, Lichthülle etc. sind alles Mittel, wie du dir, deinem Kind und anderen Menschen wirklich in Liebe, ohne Gewaltanwendung helfen kannst.

Mögliche Folgen des Nichtsprechens, des Nicht-aussprechen-dürfens sind:

- Hals- und Schluckbeschwerden
- Halsentzündung
- Atembeschwerden
- Asthma
- asthmatische Leiden
- Magenprobleme
- Erbrechen
- Herzprobleme

Alle diese Symptome können, müssen jedoch nicht, das Nicht-aussprechen-dürfen zur Ursache haben. Ein kleines Kind wird nie verstehen, warum ein Vater Worte, die ihm verboten werden, gebrauchen darf. Unterdrückte Wut und somit Entzündungen werden die Folge sein.*)

In unserem Wortschatz finden wir Redensarten wie:

- Ich habe schwer daran zu kauen, zu schlucken.
- Einen Kloss im Hals haben.

---

*) Im Buch «Liebesgeflüster mit deiner Seele» von der gleichen Autorin findest du genauere Hinweise, welche körperlichen Symptome was aussagen möchten.

- Etwas liegt mir schwer im Magen.
- Etwas nicht sagen dürfen/können, erdrückt mich fast.
- In der nicht gerade salonfähigen «Fachsprache» heisst «husten» etwas nicht Erlaubtes ausplaudern, denunzieren, jemanden verraten oder etwas unter Druck sagen müssen.

Beobachte unsere Sprache genau, sie kann dir sehr viel «Wahrheit» vermitteln.

Verbietest du deinem Kind «Übernommenes» auszuführen, wird in ihm sehr bald das Gefühl aufsteigen, dass du

- es ungerecht behandelst
- es nicht lieb hast
- es nicht verstehst,

dass du
- sadistisch oder böse bist
- unehrlich bist
- verlogen bist
- ungerecht bist.

Es kann sogar soweit kommen, dass dein Kind denkt, du seist gar nicht seine Mutter oder sein Vater.

Unterschätze die Phantasie deines Kindes nicht. Wenn sich ein Kind unverstanden, traurig oder verzweifelt fühlt, wachsen seine Gedankengeschichten, seine Phantasiegebilde ins Unermessliche. Die kindliche Realität ist anders als die des Erwachsenen. Phantasie, Gedanken und Träumereien sind bei einem Kinde absolute Realität.

Nimm die Phantasien und «Geschichten» deines Kindes ernst. Höre sie dir an und versuche aus ihnen die Wirklichkeit deines Kindes zu erfühlen.

FEHLER IN DER ERZIEHUNG

Fehler, Fehlverhalten, falsche Reaktionen...

Sicher machen wir alle Fehler. Immer wieder gibt es Situationen, in denen wir uns bewusst oder unbewusst falsch verhalten. Aber seien wir nicht allzu streng und unverzeihlich mit uns selber.

Wenn wir versuchen, nach unserem besten Wissen und Gewissen unser Bestes zu geben..., mehr geht doch einfach nicht!

Warum Fehler?

Wie schon im Kapitel über Geburtsgebrechen erwähnt, sucht sich die Seele deines Kindes die Umstände, deine Fehler und dein Fehlverhalten als Fundament für sein Leben aus. Dieses Fundament gibt die Basis für die Erfahrungen die seine Seele in diesem Leben machen möchte. Dieses «anerzogene Fehlverhalten» ist genau das, was dein Kind für seine späteren Erfahrungen braucht.

Sicher ist dies nun kein Freipass, bewusst Fehler zu machen oder sich keine Mühe mehr zu geben.

Wie solltest du dich jedoch richtig verhalten, wenn du erst fünf, zehn oder noch viel mehr Jahre später erkennst, dass das, was du getan hast, falsch war? Du hast doch in der kritischen Situation genau das getan, was du in diesem Moment für das Richtige, das einzig Mögliche hieltest.

Wenn du versuchst, in jeder Situation dich so ehrlich wie möglich zu verhalten, so sind gemachte «Fehler» keine Fehler. Du warst in diesen Momenten «Werkzeug», hast etwas ausgeführt, was für dein Kind vielleicht nicht sehr angenehm, aber unbedingt erforderlich war.

Aber nochmals: Dieses Wissen, dass gewisse Fehler unbedingt gemacht werden müssen, ist **keine** Entschuldigung für Schlampigkeit, Selbstsucht, Fahrlässigkeit und was der destruktiven Seins-Zustände mehr sind.

Der innigste Wunsch, dass es deinem Kinde gut geht, dass alles zu seinem Besten getan wird, ist sehr wichtig. Dein liebendes, aber nicht besitzendes Umhegen und Beschützen ist viel wichtiger, als alles immer richtig zu machen.

Dieser Wunsch nach Gutergehen und «Idealzustand» für dein Kind hat absolut nichts zu tun mit Nachgiebigkeit, Verwöhnen und mit «ach, der arme kleine Wurm!».

DAS FEUER

Ist es nicht faszinierend an einem Feuer zu sitzen? Dem Lichtspiel der Flammen zuzusehen? Nicht nur uns Erwachsenen gefällt das Feuer, auch Kinder fühlen sich dazu hingezogen.

Robert ist allein in der Wohnung. Seine Eltern sind unten in der Garage und packen das Auto für die Ferienreise. Robert ist schon «gross», er ist schon sieben Jahre alt. Er muss nicht mehr wie ein kleines Kind beaufsichtigt werden.

Mama kommt nach oben in die Wohnung. Sie hat noch etwas vergessen.

Entsetzt bleibt sie stehen, rennt in die Küche, holt Wasser, löscht das Feuer, nimmt Robert übers Knie und klopft ihn durch.

Der Tessiner Strohstuhl ist unbrauchbar geworden, sonst ist glücklicherweise nichts passiert...
Aber Robert ist doch schon gross! Er sollte doch wissen...

Robertli war ein schwächliches Baby. Liebend umsorgten ihn seine Eltern. Ängstlich hielten sie alle möglichen und unmöglichen Gefahren von ihm fern.
Nach dem «Feueralarm» hat sich Mama sehr geschämt, dass bei ihr die Sicherung durchgebrannt ist und sie ihren Robertli geschlagen hat. Er ist ja noch sooo klein...

Eine zweite Feuergeschichte möchte ich aus dem Buch von Jean Liedloff, C.H. Beck Verlag, «Auf der Suche nach dem verlorenen Glück» beifügen. Jean Liedloff verbrachte mehrere Jahre bei den Yequana Indianern in Venezuela. Als gebürtige Amerikanerin verglich und studierte sie das Verhalten amerikanischer und indianischer Mütter und ihrer Kinder.

«... Ähnlich war es, als ein Baby, das mit einem brennenden Holzscheit spielte, damit stolperte und hinfiel, über eine dreissig Zentimeter hohe Schwelle ins Haus, und wieder hinauskletterte und dabei tatsächlich niemals das Holz oder das überhängende Palmdach oder sein eigenes Haar oder das eines anderen Menschen berührte. Babies spielten wie kleine Hunde um das Familienfeuer herum, ohne Einmischung von seiten der jeweils anwesenden Älteren.»

Nur ein ganz kleiner Ausschnitt und doch dieser Unterschied, diese Andersartigkeit der Kulturen!

Diese Natürlichkeit, in der das indianische Baby aufwachsen kann, ist bei uns leider ganz und gar verloren gegangen. Unsere Kinder werden mit der Natur und dem natürlichen Umgang mit den Naturelementen nicht mehr konfrontiert.

In Zürich — eigentlich gar keine so grosse Stadt — hat zirka ein Viertel der Kinder, die ins erste Schuljahr kommen, noch nie eine Kuh auf der Weide gesehen, noch nie ein Feuer im Wald gemacht und noch nie die Füsse in einen Bach gehalten!

Lehre deinem Kind, sich in der Natur wieder zu Hause zu fühlen. Kein Kind ist zu klein oder zu schwächlich, um nicht Spass am Spiel in der Natur, in Wald und Feld zu haben; Feuer machen, ein Bächlein stauen, darin herumplanschen, einen Wiesenblumenstrauss pflücken...

Denk nicht, das Wasser ist vielleicht zu kalt, mein Kind holt sich sicher einen Schnupfen, Husten oder weiss ich nicht was alles. Freu dich mit! Spiel mit! Geniesse selber die Natur wieder!... Oder hast du dein Kindsein vergessen? Weisst du nicht mehr, was dir Spass und Freude gemacht hat?

Sieh nicht alles voller Gefahren und Krankheitsursachen. Es sind sehr oft deine Gedanken, deine Ängste, die dein Kind veranlassen, Unfall zu machen oder krank zu werden.

Nein, ich will nicht dir den Schwarzen Peter zuschieben und sagen du seiest an jedem «Wehwehchen» deines Kindes schuld. Aber:

- «Ich hab ja gesagt, dass etwas passieren wird!»
- «Ich wusste ja, dass du dich erkälten wirst!» etc.

Oder all die Gedanken, was alles passieren könnte. Was für Gedanken gehen dir durch den Kopf, wenn dein Kind einmal später als normal aus der Schule heimkommt?...

Du weisst um die Macht der Gedanken; setze sie sinnvoller ein als dir auszumalen, was alles passieren könnte.

Viel besser als angstvolle Gedanken schützt eine Lichthülle.

Ein altes Sprichwort sagt uns:

Male den Teufel nicht an die Wand!

Ein ganz besonders lesenswertes Büchlein über die Macht und die Auswirkungen der Gedanken ist der im Ullrich Verlag, Calw erschienene Band «Das Gedanken-Leben» von Edwin Böhme.

DAS KLEINE KRANKSEIN

Sabine ist krank. Nichts Ernsthaftes, nur so ein klein wenig Fieber, Unwohlsein, Brechreiz. Ausgerechnet heute. Sabine sollte zu ihren Grosseltern und Mama hätte zu einem Weiterbildungsseminar wegfahren sollen. Sie hat sich für ein sechs Wochenenden dauerndes Seminar verpflichtet und heute wäre das zweite.

Mama weiss nicht so recht, was sie tun soll. Soll sie Sabine zu den Grosseltern bringen? Uns wenn das Kind dann doch krank wird? Oder soll sie hierbleiben und ihr Kind gesundpflegen?

Mama entschliesst sich zu Hause zu bleiben. Gegen Abend ist Sabine schon wieder putzemunter.

Mama fährt am Samstagmorgen weg. Es ärgert sie schon ein bisschen, dass sie durch das Unwohlsein ihrer Tochter den Freitagabend und den Samstagmorgen verpasste. Aber die mütterlichen Verpflichtungen...

Sie liebt ihre Tochter abgöttisch. Alles würde sie für ihr Kind hergeben... Und doch, manchmal beschleicht sie das Gefühl der zu grossen Belastung, des «Auf-zu-viel-verzichten-müssens».

Es passiert so oft, dass Sabine diese kurzen Krankheitsanfälle hat. Hauptsächlich dann, wenn Mama wegfahren oder sich mit ihrem neuen Freund treffen möchte.

Sabine geht sehr gerne zu ihren Grosseltern und auch diese freuen sich immer, wenn ihr «Binchen» zu Besuch kommt. Das kann also unmöglich der Grund des Unwohlseins sein.

Sollte Sabine gar ihre Mutter unter Druck setzen? Sie zwingen zu Hause zu bleiben? Die Mutter erpressen, dass sie nur für ihr Kind da ist?
Diese Möglichkeit besteht, sie ist jedoch viel seltener als wir zuerst annehmen.

Mama fühlt sich in ihrem Innersten von ihrem Kind behindert, eingeschränkt, auf eine Art ihrer Freiheit beraubt. Sie erhält regelmässig die wirklich grosszügig bemessenen Alimente, auch hält der Vater die Besuchstage und Besuchswochenenden pflichtbewusst ein, aber sonst?...

Jeden Abend muss sie zu Hause bleiben. Sabine hätte sonst Angst. Eine leise Wut steigt in ihr hoch, die junge Frau fühlt sich allein und auf eine Art ausgenutzt. Ihr Ex-Mann hat schon wieder eine neue Freundin, aber sie?... Sie hat ja keine Möglichkeit, überhaupt jemanden kennen zu lernen. Und dann kommt noch dazu, dass jedesmal, wenn sie wegfahren will, das Kind krank wird.

Wenn sie ganz ehrlich mit sich selber ist, realisiert sie, dass jedesmal, wenn sie wegfahren oder ausgehen will, sie ein schlechtes Gewissen hat und Schuldgefühle in ihr hochsteigen. Sie will ja eine «gute» Mutter sein. Und ihr Kind immer zu den Grosseltern abschieben?... Oder gar alleine zu Hause lassen?... Das passt einfach nicht in das Bild der Ideal-Mutter.

Ein innerer Konflikt breitet sich aus. Diese Unsicherheit, dieses Schuldgefühl «liegt in der Luft». Unbewusst zwingt nun die Mutter ihr Kind krank zu werden. Da nun in dem Kinde keine ernsthafte Krankheit «bereit liegt», kommt es eben nur zu diesem Unwohlsein, sich kränklich fühlen. All das schlechte Gewissen, die Schuldgefühle, das nicht ehrliche Ja zu seiner eigenen Entscheidung wird somit auf das Kind abgewälzt.

Ist das ein bischen ein harter Brocken zum Schlucken? Beobachte dich und dein Kind einmal genau. Ohne Vorurteile, ohne Scham und ohne Selbstvorwürfe. Sei ehrlich!

Je kleiner ein Kind, desto empfänglicher ist es für deine Konflikte, deine Unruhe, deine unterdrückten Aggressionen und dein Unsichersein.

DAS ALTE SPIEL

Sicher kennst du es auch noch: das gemütliche Aufwachen am Morgen; plötzlich wird es dir siedend heiss, der Schock-Gedanke bevor du überhaupt richtig wach bist: Prüfung in der Schule und ich habe viel zu wenig (oder zuviel?) gelernt! Was tun?

Kopfschmerzen, Unpässlichkeit, Bauchschmerzen können so schnell nicht bewiesen werden. Nur gut schauspielern, so richtig elend und Mitleid erheischend aussehen, dann merkt es sicher niemand.

Flüchtet dein Kind mit diesen alten «Tricks» vor Konfrontationen, vor Problemen? Versuche in einem wirklich ehrlichen und offenen Gespräch der Ursache auf den Grund zu kommen. Sehr oft ist jedoch ein so offenes Gespräch gar nicht möglich, denn genau diese Angst, dass ihr als Eltern etwas merken könntet, dass ihr erfährt, dass euer Kind in der Schule gar nicht so gut ist wie ihr erhofft, genau diese Angst blockiert dein Kind. Die Angst vor schlechten Noten ist nicht die Ursache der Angst, sondern das, was durch schlechte Noten ausgelöst wird, davor fürchten sich die meisten Kinder. Und diesen «Folgen», denen müsst ihr auf die Spur kommen.

Aber wie?

Ein offenes Gespräch ist ja für den Moment noch nicht möglich. Diese Ursachensuche erfordert von dir schon etwas Mut und ganz viel Ehrlichkeit. Ehrlichkeit dir, deinem Partner und deinem Kind gegenüber.

Die Grundlage zu einem offenen, gewinnbringenden Gespräch ist, dass du (oder ihr als Eltern) dein Kind als gleichwertigen Partner und nicht als «kleines unvernünftiges Kind ohne Wissen und Verstand» behandelst. Die Devise ist: gleiches Recht für alle!

Nobody is perfect — niemand ist perfekt!
Auch Eltern nicht! Darum sollte deinem Kind das Recht zur Kritik, zum offenen Gespräch eingeräumt werden. Ich weiss, das kann nicht von einem Tag auf den andern gelernt werden. Aber Übung macht den Meister. Und ich staune immer wieder, wie verständig und geduldig Kinder mit ihren Eltern sind.

Ein Beispiel der Gleichberechtigung:

Bemängelst du die Art, wie dein Kind seine Kleider, seine «Farben» auswählt, sollte sich auch dein Kind zu deiner Garderobe äussern dürfen. Auch wenn die Kritik nicht sehr positiv ausfällt, nimm sie an. So wie du den freien Willen hast, deine Kleider zu ändern oder nicht, genauso sollte dein Kind dasselbe dürfen. Stell dir einmal vor, wie es für dich wäre, wenn dein Kind dir sagt: in diesem Kleid siehst du aber alt, zu dick, zu dünn, ungepflegt oder viel zu jugendlich aus! Frag dich einmal, wie du reagieren würdest. Ziehe deine Konsequenzen! Lerne umdenken!

Übt das offene Gespräch!

- Das offene Gespräch, in dem auch wirklich über Angst vor Schelte, Angst vor Liebesentzug oder Abweisung gesprochen werden darf.
- Das offene Gespräch, das nicht auf taube Ohren stösst.
- Das offene Gespräch, das beiden Beteiligten die Gefühle und Ängste des andern offenbart.
- Das offene Gespräch, das nicht im Nichts verhallen soll.
- Das offene Gespräch, das ein Neuanfang ist. Ein Neuanfang, bei dem sich beide Beteiligten bemühen, alte, störende, destruktive Verhaltensmuster abzubauen.
- Das offene Gespräch, in dem sich alle Beteiligten ohne Angst vor dem Nachher zeigen dürfen.
- Ein offenes Gespräch, das nichts zu tun hat mit: du bist..., du musst..., du tust immer..., oder du solltest...;
  sondern mit: ich fühle mich so..., für mich ist es so..., ich sehe es, empfinde es so...
  Also immer vom Ich ausgehend, immer die eigenen Gefühle, Empfindungen und Ansichten zeigend. Auch diese Art von miteinander sprechen muss geübt werden.

Übt miteinander, weist euch auf eure Fehler hin und vor allem vergesst den Humor bei der ganzen Sache nicht. Er ist Retter in der Not, hilft über peinliche oder komische Situationen hinweg.

Nur noch zwei Dinge, die bei einem offenen Gespräch absolut **verboten** sind:

- das bewusste Beleidigen oder Verletzen des andern und
- das Nachtragen und Nichtverzeihen des Gesagten.

Vielleicht ist dein Kind noch zu klein für ein offenes Gespräch. Möglich ist auch, dass dein Kind eher ein schweigsames Naturell ist und Mühe hat, seine innersten Gefühle und Ängste in Worte zu fassen. Vielleicht ist die Ursache auch so «verschüttet», so unkenntlich oder nicht fassbar, dass kein Gespräch, und sei es noch so frei und offen, die Ursache an die Oberfläche holen kann.

Und doch möchtest du deinem Kind helfen, sich wohler in seiner Haut zu fühlen. Das sich in relativ kurzen Abständen wiederholende Kranksein deutet auf ein tiefsitzendes Problem hin. Durch die Art der Krankheiten, durch die körperlichen Symptome ist es möglich, die Art der Probleme einzukreisen und dadurch besser auf die Ursache einzugehen. Es ist wie ein Detektivspiel, wie ein Puzzle, alle Symptome zu deuten und die einzelnen Puzzleteile zu einem verständlichen Bild zusammen zu setzen.

Das Buch «Liebesgeflüster mit deiner Seele» ist fast wie ein «seelisches Wörterbuch». Darin findest du sehr viele Hinweise, was der Körper deines Kindes sagen möchte. Aber auch mit diesem «Wörterbuch» ist es wichtig, dass du dein Kind genau beobachtest, mit ihm zusammen auf die Ursachensuche gehst. Spiel mit ihm zusammen Detektiv, lass es mithelfen, dem «Täter», der Ursache auf die Spur zu kommen. Die Spielregeln sind einfach, erfordern jedoch ein bisschen Mut, Ehrlichkeit, Aufrichtigkeit und die Bereitschaft, sich selber im «Spiegel der Wahrheit» anzusehen.

Je intensiver der Einsatz, desto grösser der Gewinn! Verlierer? Die gibt es bei diesem Spiel nie!

Hier etwas Platz für deine Beobachtungen und Notizen aus deiner «Detektiv-Tätigkeit»:

SITZ GERADE!

Steh gerade! Sitz nicht so krumm! «Gagele» nicht mit dem Stuhl! Man schreibt nicht mit der Nase! … und was der gutgemeinten Ratschläge mehr sind.

Erinnere dich an deine Kindheit. Haben sie dir etwas geholfen? Hast du sie befolgt, diese Gebote und Verbote? Haben sie in dir nicht auch immer ein kleines Gefühl von Bitterkeit und Unverstandensein hervorgerufen?

Dein Rücken hat dich beim Geradestehen vielleicht wirklich geschmerzt. Vielleicht hat die Stuhlkante des zu hohen Stuhles wirklich deinen Blutkreislauf gestört und die Beine sind dir regelmässig eingeschlafen. Und was hat das Schelten gebracht? Nichts. Unehrlichkeit und heimliches Tun. Ganz sicher nicht das, was sich dein Erzieher gewünscht hat. Und die Nörgelerei hat auch dazu beigetragen, dass du dich als Kind nicht mehr trautest, zu dir zu stehen und deine Bedürfnisse und deine Probleme anzumelden.

Es entstand eine Form von Unterdrücktheit, die niemand erkannte und vermutete. Folgen davon: Rückenschmerzen bei Kindern, Rückgratverkrümmung von ganz leicht bis gravierend. Ganz speziell in diesem Zusammenhang ist das «hohle Kreuz» zu erwähnen.

Das «hohle Kreuz»? Warum ausgerechnet das?

Bildlich gesprochen sitzt das Ich im Kreuz. Oder besser gesagt in der Kreuzgegend. Wird nun einem Kind die Möglichkeit genommen, die Probleme und Wünsche seines Ichs, seiner Persönlichkeit kund zu tun, so wirkt sich das in seinem Körper aus. Sein Ich wird «zurückgezogen», sein Ich hat Angst, sich zu zeigen, vielleicht weil es nicht ernst genommen wird oder weil Schelte zu erwarten ist oder gar weil es seiner Wünsche wegen ausgelacht wird.

Je länger dieser Zustand der Unterdrückung der eigenen Bedürfnisse anhält, desto stärker die Verformung des physischen Körpers.

Es ist nebst physiotherapeutischen und turnerischen Massnahmen wichtig, dass du schon bei geringfügigen Anzeichen eines Rückenleidens auf die Ursachensuche gehst.

Ein offenes Gespräch, wie auf den Seiten 88/89 beschrieben, ist natürlich ideal, um die Ursache aufzudecken. Jedoch gerade bei dem Problem «Rückgrat» ist ein offenes Gespräch meistens nicht mehr möglich. Dein Kind hat sich die «Unehrlichkeit» zu sich selber schon zu sehr angewöhnt, sie ist ihm schon sehr stark zur zweiten Natur geworden.

Aufrecht sitzen oder stehen... Das Wort sagt es schon sehr deutlich!

Aufrecht — Aufrichten — Aufrichtigkeit ...

Hauptsächlich die Aufrichtigkeit mit sich selber ist stark lädiert, wenn man Mühe hat mit dem aufrecht Sitzen.

Bitte mach daraus kein Dogma! Es gibt noch sehr viele andere Gründe, warum dein Nebenan nicht aufrecht sitzt. Also bitte urteile nicht über deinen Mitmenschen. Aber bei dir und selbstverständlich bei deinem Kinde, da solltest du aufmerksam und aufrichtig sein. Aufrichtig, ehrlich und ohne Scham dir gegenüber.

ANDERE URSACHEN FÜR RÜCKGRAT-PROBLEME

Andere Ursachen der Rückgrat-Probleme — ganz sicher gibt es die. Leider ist einem Teil davon nur sehr schwer beizukommen. Fangen wir einmal bei den leichteren «Fällen» an.

Schuldruck

Ja, aber mein Kind ist doch so gut in der Schule, es hat gar keine Probleme, lernt sehr leicht und geht sooo gerne hin!

Bist du sicher? Steht dein Kind nicht unter dem Druck, dir oder deinem Partner gefällig zu sein? Ist es nicht gezwungen, nach seinem Empfinden und seinen Gefühlen alles zu tun, um ja deine Liebe nicht zu verlieren?

Deine erste Reaktion wird ganz sicher ein energisches Nein sein. Ich glaube es dir, aber schau einmal hinter den «Vorhang». Wie stehst du oder Ihr als Eltern zu den Schulleistungen eures Kindes? Was löst in euch eine ungenügende Note aus? Oder gar ein Zeugnis, in dem die ungenügenden Noten die Oberhand haben? Wie reagiert ihr darauf?

Es muss gar nicht erst zu einem schlechten Zeugnis kommen. Ich bin sicher, dass du genügend Phantasie hast, um dir diese Szene sehr lebhaft vorzustellen. Sei aufrichtig, prüfe deine Reaktionen und frage dich einmal ganz ehrlich: Was soll das?

- Wirst du an deine Schulzeit erinnert?
- Möchtest du, dass es dein Kind einmal besser hat als du?
- Hast du für dein Kind in Gedanken schon eine Laufbahn festgelegt?
- Vielleicht gar die Laufbahn, die dir deiner ungenügenden Schulbildung wegen verschlossen blieb?
- Ist es eine Prestigeangelegenheit, gut geschulte Kinder zu haben?
- Erfüllt es dich mit Stolz, dass dein Kind Klassenerster ist?

Ich glaube, diese Liste liesse sich noch beliebig verlängern. Sicher ist, dass du deine geheimen Wünsche und Ängste sicher findest, wenn du aufrichtig und ehrlich mit dir selber bist.

Bitte lass nicht dein Kind deine Wünsche und Ängste tragen. Sein Rücken ist noch viel zu schwach und wird durch die ständige Belastung krumm.

Ansprüche, die dem Alter des Kindes nicht gerecht sind oder die bei behinderten Kindern die körperliche Konstitution übersteigen. Das heisst jedoch nicht, ein behindertes Kind nicht so gut als möglich zu fördern, aber bitte nach Mass und Möglichkeit und nicht nach deinen Wünschen und deinem «Kopf-Wollen».

Diese Ursache ist schon viel hartnäckiger. Es könnte dir einiges Kopfzerbrechen verursachen, diese Problematik zu lösen. Wenn du selber die Ursache bist, kannst du dem Problem mit der Traumarbeit zu Leibe rücken.

Ist es dein Partner oder sonst eine dem Kinde nahestehende Person, bitte sie, ihr Verhalten dem Kind gegenüber zu ändern. Bitte diesen Menschen, seine Äusserungsart mit der Traumarbeit zu ändern. Ist er nicht bereit dazu, sprich mit deinem Kind darüber. Zeig ihm, wie es sich gegen den Druck und die übermässigen Forderungen schützen kann. Du kannst mithelfen, indem du eine grosse, dicke Lichtmauer zwischen dein Kind und den «Verursacher» stellst.

Vielleicht wird durch das harte Training dein Rücken stark und kraftvoll. In späteren Jahren wird es dir ein leichtes sein, grosse Lasten zu tragen. Vielleicht wirst du sogar so gross und stark, dass du anderen Menschen helfen kannst. Helfen, ihre Last zu stützen, zu tragen.

Ist diese Kraft in dir gewachsen: ich gratuliere — nütze dein himmlisches Geschenk sinnvoll und zum Wohle der ganzen Menschheit.

Aber von jedem «Ding» gibt es auch die andere, die Schattenseite. Beim Tragen der schweren, grossen Last ist dies leider die viel grössere, ausgedehntere Seite. Das Gegenteil des kraftvollen, aufrechten Daseins ist der gekrümmte, gebeugte, deformierte Rücken. Er ist unter der viel zu grossen Last zusammengebrochen. Er konnte dem zugemuteten Gewicht nicht standhalten...

Mute deinem Kind keine solche Last zu !

- Die Obhut und zu viel Verantwortung für kleinere Geschwister.
- Dass du deine Sorgen und deine Probleme beim Kind ablädst.
- Streit und Scheidungsprobleme gehören nicht ins Kinderzimmer.
- Wut und Hass über deinen Partner sollten dem Kinde nicht zugemutet werden.
- Dein Kind ist kein Prestigegegenstand, weder in Schulleistungen noch in künstlerischen Darbietungen.
- Dein Kind ist auch keine Puppe, kein Teddybär oder sonst ein Spielzeug, das man nehmen kann, wenn man will und wegstösst, wenn es dich langweilt.
- Vielleicht ist dein Kind auch noch zu klein, um so oft alleine zu Hause zu sein.
- Dein Kind ist weder Dienstbote noch Haushälterin. Gönne deinem Kind Zeit. Zeit zum Spielen und Pause machen.

Das alles und noch viel mehr könnte eine zu grosse Belastung für dein Kind sein. Sprich mit ihm, beobachte es und ziehe gegebenenfalls die Konsequenzen.

Dein Kind als gleichwertiger Partner, ja — als «Sorgenmisthaufen» jedoch bitte nicht.

Wut

Du weisst sicher, was ein Stierkampf ist. Vielleicht hast du schon einen gesehen oder teilweise im Fernseher mitverfolgt. Dann hast du auch das arme Tier, das in verzweifelter, sinnloser Wut durch die Arena wütet, beobachten können. Seinen Kopf tief gegen den Boden gerichtet, seinen Nacken fast zum Zerreissen gespannt, seinen Rücken gekrümmt. Und wozu? Dieses sinnlose Aufstacheln bis fast zur Weissglut dient zur «Belustigung» der Menge, des Volkes. Ich weiss nicht, ob es dir gleich geht wie mir; ich sehe und verstehe den Sinn dieser «Sportart» nicht.

Beobachte nun einmal den Alltag. Schau dir überall, wo sich dir die Gelegenheit bietet, das Verhältnis und die «Beziehung» zwischen den Erwachsenen und den Kindern an. Schau dir ganz speziell das Verhalten von Erwachsenen fremden Kindern gegenüber an.

Ein Beispiel:

Ein kleiner, etwa vierjähriger Negerbub spielt auf der Strasse. Eine junge Frau sieht ihn — er ist ja so süss. Sie läuft fast über in ihrer «Gefühlsduselei». In ihrer Verzückung schnippt sie zwei-, dreimal mit dem Finger nahe vor seiner Nase... Sie findet es lustig, sie hat ihren Spieltrieb und ihre überschwänglichen Gefühle abreagiert. Und das Kind?

Der Kleine zeigte sein «böses» Gesicht und schnitt eine Grimasse hinter ihr her... Aber seine Wehrlosigkeit, sein «Sich alles gefallen lassen müssen», das setzt sich in seinem Körper fest. Wo? In seinem Nacken!

Ein zweites Beispiel:

Ein kleines Mädchen spielt an einem Brunnen. Sie ist so in ihr Spiel vertieft, dass sie den «Onkel» vom Hause nebenan gar nicht wahrnimmt.
Ist er deswegen beleidigt? Oder will er sich einfach einen «Scherz» erlauben? Er geht auf die Kleine zu, nimmt sie, trotz ihrem Schreien und sich Wehren auf den Arm und droht ihr: jetzt schmeisse ich dich in den Brunnen! Das

Kind setzt sich zur Wehr und heult so laut, dass er es wieder auf den Boden stellt.

Glaubst du nicht auch, dass sich dieses Erlebnis tief in das Unterbewusstsein des Kindes eingräbt? Dass vielleicht Wut und Hilflosigkeit die Folgen dieses kleinen «Scherzes» sind? Wut, die sich im Nacken und in den Schultern festsetzt, Hilflosigkeit, die sich im mittleren Rückenbereich zeigt? Vielleicht, wenn das Kind allzu oft «um seine Persönlichkeit gebracht» wird, ist auch das Kreuz schon im Kleinkindesalter in Mitleidenschaft gezogen.

ZWEITER TEIL

LÜGE, EHRLICHKEIT UND PHANTASIE

Die Lüge

... Du solltest dich schämen; es ist schon das fünfte Mal diese Woche, dass ich dich beim Lügen erwische. Warte nur: ich schreibe es dem St. Nikolaus, der steckt dich dann in den Sack und nimmt dich in den Scharzwald mit! Dort bekommst du nur Tannennadelsuppe und trockenes Brot zum Essen...

Sicher kennst du sie auch, die Geschichten vom St. Nikolaus, vom Osterhasen, vom Christkind oder vom Weihnachtsmann. Sicher ist auch nichts dagegen einzuwenden, wenn bei kleineren Kindern das Christkind die Weihnachtsgeschenke bringt, dass der Osterhase die Nestchen mit den Eiern versteckt...

...Aber Achtung! Zu viel Unwahrheiten, zu viel Erdichtetes und vor allem zu viele Strafandrohungen mit Phantasiegestalten untergraben deine Glaubwürdigkeit bei den Kindern.

Warte nur bis Papa nach Hause kommt, der wird dir Schläge geben, weil du nicht aufgegessen hast.

Papa kommt müde von der Arbeit heim und nun soll er auch noch den Buhmann spielen! Er hat keine Lust dazu, auch erscheint ihm das «Vergehen» zu nichtig um den häuslichen Frieden zu stören…

… Mama ist unglaubwürdig geworden.

Das Telefon klingelt: Ach Herr Nachbar, nein, mein Mann ist **nicht** zu Hause…

… Das grosse Fragezeichen bei den Kindern, denn Papa sitzt vergnügt beim Zeitungslesen im Wohnzimmer.

Oder eine andere, ganz alltäglich Szene:
Dein Kind quengelt, es möchte unbedingt das lustige Entchen mit Schockolade gefüllt, das so verführerisch auf seiner Augenhöhe im Supermarkt sitzt. Nein, das bekommst du jetzt nicht, ich habe nicht genug Geld bei mir…

… An der Kasse bezahlst du mit einem grösseren Schein und bekommst einige Noten zurück.

Alles ganz alltägliche Szenen, ganz alltägliche «Not-» Lügen, die vielleicht nicht einmal mehr so richtig registriert werden. Diese kleinen Lügen sind uns zu einer unbemerkten, jedoch sehr angenehmen Gewohnheit geworden.

Und dein Kind? Wie reagiert dein Kind auf solche Lügen? Du schimpfst doch sicher oder mindestens weist du es zurecht, wenn sich dein Kind im Lügen übt: sowas tut man doch einfach nicht!

Ulrich kommt zu spät in die Schule. Er hat sich verspätet, weil Arbeiter an der grossen Baustelle dabei waren, einen grossen Kran aufzustellen. Aber das darf er doch dem Lehrer nicht sagen. Mindestens eine Stunde Nachsitzen wäre die Folge; dann würde er ja noch viel mehr verpassen... Seine Antwort: Ich habe mich verschlafen. Wie er sich die Unterschrift für die schriftliche Entschuldigung erschwindeln will, weiss er noch nicht so genau. Aber es wird schon gehen; in sowas hat er ja Übung.

Ursula hat ihre Schulaufgaben nicht gemacht. Es war ihr einfach nicht danach zumute. Das Buch, in dem sie gerade liest, war auch wirklich spannend. Auch sie darf dem Lehrer nicht die Wahrheit sagen, das würde ja das ganze System über den Haufen werfen. Kopfschmerzen, Übelkeit oder sonst so irgend etwas ist als Entschuldigung akzeptiert; aber keine Lust zu haben?...

Je grösser deine Kinder werden, umso mehr haben sie das Lügen von den Erwachsenen gelernt. Auch haben sie schnell herausgefunden, dass ihnen kleine Lügen sehr viel Ärger und Strafen ersparen. Die wenigen Male, bei denen sie erwischt werden, sind ja Kleinigkeiten im Vergleich mit den vielen Vorteilen, die das Lügen bringt.

Soll ich denn mein Kind härter bestrafen? Ich habe somit ja fast keine Möglichkeit mehr, mit ihm lieb zu sein. Im Moment ist es sowieso so trotzig und unartig...

NEIN! Ganz sicher nicht noch mehr strafen!

Die Ehrlichkeit

Sicher weisst du es schon oder erahnst es zumindest, möchtest es aber doch nicht so recht wahrhaben: Du musst bei **dir** anfangen!

Traurig, aber wahr. Kein Kind kann zur Ehrlichkeit erzogen werden, wenn sie ihm nicht tagtäglich, Stunde um Stunde vorgelebt wird.

Überprüfe einmal deinen Alltag, wie oft greifst du zu einer dieser klitzekleinen Lügen? Nicht etwa, weil du ein unehrlicher Mensch wärest, ganz sicher nicht, sondern einfach, weil es einfacher geht.

Vielleicht hast du auch ein klein wenig Angst davor, deine Gefühle zu zeigen, «man» könnte dich ja auslachen oder dich für komisch halten. Vielleicht kommt dein lügen auch daher, dass dein Gegenüber «stärker» ist, einen stärkeren Willen hat oder ganz genau weiss, was er will.

Und wenn es um den Willen geht, da kannst du mir glauben, dass dein Kind den stärkeren hat. Ausnahmen sind die «armen» Kleinen, die schon im Babyalter total unter Druck gesetzt wurden. (Zum Beispiel mit: Du bist so lieb, wenn du nicht weinst oder trotzt! Du hast doch dein Mami lieb, also hör auf, immer deinen Willen durchzusetzen! Oder wenn Liebesentzug die Folge auf das Erproben der eigenen Willensstärke war.)

Ehrlichkeit ist für viele Menschen auch schwer zu ertragen; sie würden zu sehr mit sich selber konfrontiert. Bist du nun einmal gezwungen, etwas, das wirklich notwendig wäre **nicht** zu sagen, um dein Gegenüber nicht tödlich zu beleidigen, versuche es deinem Kind zu erklären. Oft ist es wirklich besser, wenn wir nichts sagen. Ganz sicher ist es das kleinere Übel, als sich in Lügen zu verstricken.

Der «sture» Lehrer

Ja, was tun, wenn der Lehrer deines Kindes nicht begreifen will, dass Ehrlichkeit nur durch vorleben erlernt werden kann? Dass das Bestrafen der Ehrlichkeit diese auch nicht besonders fördert?

Etwas, das sehr wichtig ist: steh zu deinem Kind. Sprich mit dem Lehrer und zeige ihm, was du unter Ehrlichkeit verstehst. Bei einem solchen, vielleicht etwas strapaziösen Gespräch helfen dir Lichthülle und Lichtmeditation, Lichtwand und vor allem der Spiegel. Ich bin sicher, dass niemand seine eigene Unehrlichkeit lange in dem geistigen Spiegel anschauen kann. Verwende all diese Schutztechniken; sie sind nicht nur da, um ein Buch zu füllen, auch nicht, dass nur einige wenige davon profitieren... Auch für dich, deinen Partner und deine Kinder. Nur ein bisschen üben und vor allem im richtigen Moment daran denken und anwenden, das kann dir leider niemand abnehmen.

Schauen wir uns noch einmal die beiden Beispiele von Ulrich und Ursula an. Beide haben in ihrer jugendlichen Neugierde eine «Unterlassungssünde» begangen. Sicher sollte so etwas nicht zur Gewohnheit werden, aber bitte vergiss deine Kindheit nicht. Vergiss nicht, welchen Schock auch du erlebtest, als du realisiertest, dass du Zeit und Schule total vergessen hattest.

Sprich mit deinem Kind, versuche auch mit dem Lehrer zu sprechen. Lehrer sind nämlich keine Unmenschen; die meisten sind sehr verständnisvoll und wenn wir offen und ehrlich mit ihnen sind, ist auch sehr gut mit ihnen auszukommen.

Ist dem Lehrer aber leider einfach nicht beizukommen:
Da haben wir nun die Ausnahme, die die Regel bestätigt. Schliess dich mit deinem Kind zusammen. Beratschlagt, was am besten zu tun sei. Und wenn eine kleine Notlüge

unumgänglich ist, wenn einfach kein anderer Weg gefunden werden kann, dann tut es bitte wie eine «Verschwörung». Dein Kind ist **nicht** zu klein, um zu verstehen, warum dieses eine Mal eine Ausnahme gemacht werden darf.

Aber bitte: Nicht zur Gewohnheit werden lassen!

DIE WAHRHEIT

DIE WAHRHEIT

Kein Kind ist zu klein, um mit der Wahrheit konfrontiert zu werden. Es ist höchstens zu klein, um deine komplizierten oder nicht klar verständlichen Erklärungen zu verstehen. Versuche, deinem Kind seinem Alter entsprechend zu antworten.

Aber das geht doch nicht immer!

Warum nicht? Was hast du zu verbergen? Jedesmal, wenn du mit erklären Mühe hast, frage dich, warum und wieso.

- Schämst du dich?
- Ist es dir peinlich, über irgend eine Sache zu reden?
- Löst die Frage Aggression in dir aus?
- Vielleicht löst sie auch Angst vor Blossstellung aus?
- Hast du dir schon einmal überlegt, was das Gefragte für dich bedeutet oder müsstest du deine «Ungewissheit» zugeben?

Jede Frage, die in dir Unbehagen auslöst, zeigt dir, dass du hier auf ein unverarbeitetes Problem gestossen bist. Versuche das Problem in den Griff zu bekommen, zu der Wurzel vorzustossn. Als Antwort eine Lüge oder eine Unwahrheit auftischen nützt weder dir noch deinem Kind etwas. Was dein Kind jedoch versteht und sicher auch annimmt: wenn du ihm ehrlich sagst, dass du auf seine Frage im Moment nicht antworten kannst, dass du zuerst darüber nachdenken musst.

Hast du die Ursache des Problems, das dir noch zu schaffen macht, gefunden, dann bearbeite es so schnell wie möglich. In diesem Buch findest du einige Anregungen, wie Probleme aufgelöst werden können.

Pass auf, dass du nicht deinem Kind die Schuld, den Schwarzen Peter zuzuschieben versuchst. Jede Frage deines Kindes zeigt dir, dass du ein kleines Genie vor dir hast. Liebe dein «Genie» und zerstöre es nicht mit dummen Sprüchen und Unwahrheiten.

PHANTASIE

«Weisst du Mami, und dann hat der kleine Mann zu mir gesagt: ich habe noch zu tun, aber ich komme wieder. Und er hatte eine rote Zipfelmütze auf dem Kopf und dann hat er mit dem Zipfel gewackelt und ist auf das Dach geflogen. Da hat er mir nochmals zugewinkt und ist weggeflogen und dann hab ich ihn nicht mehr gesehen. Aber morgen kommt er bestimmt wieder... Ich darf doch morgen wieder in den Garten, weisst du, der kleine Mann ist so lieb und lustig und, und, und...»

Kennst du sie auch, diese Geschichten, die dir dein Kind mit glänzenden Augen und hochroten Wangen erzählt?

Und dann? Beobachte dich einmal, wie du darauf reagierst.

Sind es wirklich alles dumme Phantasie-Geschichten oder gar Unwahrheiten? Bestrafst du dein Kind für diese Lügen? Verbietest du ihm, diese Geschichten immer und immer wieder in neuen Versionen zu erzählen?

Was für ein Gefühl lösen in dir diese Überzeugungsversuche aus? Was passiert in dir, wenn dein Kind von Zwergen, Elfen oder sonst irgendwelchen Wesen erzählt?

Bist du eine mutige Mutter, ein beherzter Vater? Lässt du dich auf solche Gespräche ein? Machst du bei diesen Phantasiespielen deines Kindes mit?

Phantasiespiel?!?

Bist du sicher, dass es nur Phantasie ist? Höre deinem Kind sehr gut zu. Immer wieder schmückt es **seine** Geschichte neu aus, immer noch eine Blume, eine Verzierung mehr. Und mit der Zeit geht wirklich die Phantasie mit ihm durch.

Was ist Wahrheit und was ist Phantasie?

Wenn du nun folgendes liest, versuche es einfach einmal im Raum stehen zu lassen. Sag nicht gleich zu Beginn: «Ich glaube jetzt doch bald, Rosmarie hat durchgedreht!» Lass es einfach einmal stehen, vielleicht hast auch du einmal Glück und kannst wie dein Kind sehen.

Kleinere Kinder sind meist noch medial. Medial sein, mediale Fähigkeiten haben, Medialität, was ist das?

Sicher hattest auch du schon eine Vorahnung. Du wusstest schon von vornherein, was passieren würde. Vielleicht hast du es als komischen Zufall abgetan. In Wirklichkeit hat sich jedoch deine mediale Fähigkeit zu Wort gemeldet.

Oder... Du sitzt auf einer wunderschönen Wiese. Die Sonne scheint, alles ist still. Plötzlich hast du das Gefühl, dass du nicht mehr alleine bist. Es bewegt sich etwas. Du hast es zwar nur aus dem Augenwinkel gesehen, aber gesehen hast du bestimmt etwas. Guckst du genauer hin, ist nichts da. Immer wieder passiert dasselbe. Wirst du nun unruhig, verschwindet das «Phänomen», bleibst du sehr still, zeigt sich dir vielleicht das kleine Wesen ganz.

Glaubst du auch nur, was du mit deinen eigenen Augen siehst? — Soeben hast du ein kleines Natur- oder Lichtwesen, ein feinstoffliches Wesen gesehen. Glaubst du es immer noch nicht?

Mit dem Älterwerden verliert sich leider diese Fähigkeit und bei Erwachsenen ist sie relativ selten anzutreffen.

Wirklich?

Vielleicht mehr erwachsene Menschen, als du vielleicht im Moment glaubst, sind mehr oder weniger stark medial veranlagt. Die wenigsten wollen es wahrhaben und der grösste Teil der «Erwachsenen» glaubt einfach nicht daran, dass es noch etwas anderes als unsere materielle Welt gibt.

Aber glaube mir, die feinstoffliche Welt, bevölkert mit vielen uns bekannten und unbekannten Wesen, die gibt es. Und dein Kind hat vielleicht wirklich einen Zwerg gesehen. Vielleicht war es auch ein Gnom oder ein Erdenmännchen. Es könnte auch eine Blumenelfe, eine Nixe oder ein Feld-, Wald-, oder Wiesengeistchen gewesen sein.

Kinder, die schwer krank waren, erzählen auch oft von Engeln, lieben helfenden Frauen, Feen oder dergleichen.

Glaube deinem Kind, höre ihm gut zu und du wirst sehr bald den Unterschied zwischen Lüge, Unwahrheit, Phantasie und Wahrheit entdecken.

Nimm die Bibelworte in dich auf:

«Wer sich dem Reich Gottes nicht wie ein Kind öffnet, wird es nicht erfahren.»

Auch dir ist die feinstoffliche Welt nicht verschlossen. Du wirst sie jedoch erst erahnen, erfühlen, erfahren, wenn du in deinem Herzen weisst, dass es sie gibt.

Literatur, die ich dir zu diesem Thema empfehlen kann:

- Brunhild Börner
  Esoterischer Sommer
  Verlag des Wahren-Schönen-Guten, Baden-Baden

- Ursula Burkhard
  Fizzli Fax
  Hrsg. Werkgemeinschaft Kunst und Heilpädagogik, Weissenseifen

- Ursula Burkhard
  Karlik
  Hrsg. Werkgemeinschaft Kunst und Heilpädagogik, Weissenseifen

- White Eagle
  Naturgeister und Engel
  Aquamarin Verlag, Grafing

- Dora van Gelder
  Im Reich der Naturgeister
  Aquamarin Verlag, Grafing

- Geoffrey Hodson
  In den Sphären des Lichtes
  Aquamarin Verlag, Grafing

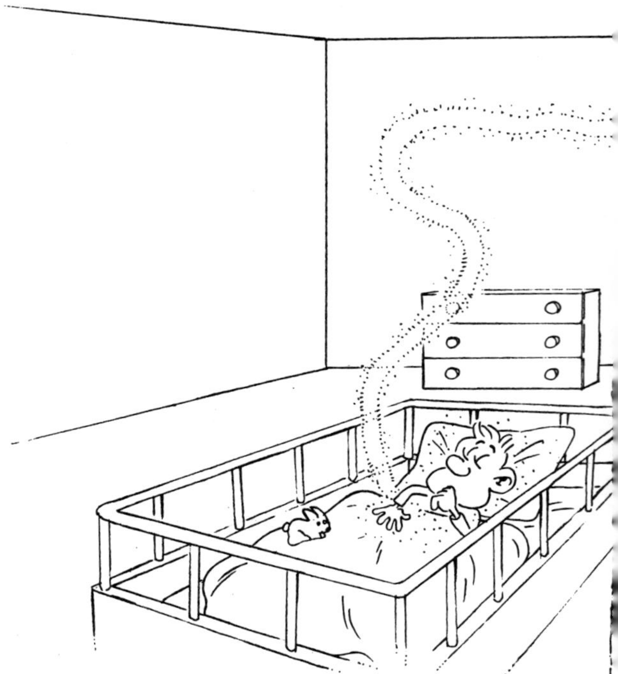

DEIN KIND UND DEINE GEFÜHLE

Kindliche Gefühle sind immer sehr intensiv und deshalb sind sie auch ein Potential unendlicher Kraft.

Für das kleine Kind bist DU, ob du nun Vater oder Mutter, Grossmutter oder Grossvater, Onkel oder Tante, Lehrer oder «Ersatz» für irgendwen bist, immer **das** grosse Vorbild! Das kleine Kind versucht, um auch gross, erwachsen und «vollwertig» zu sein, dich zu kopieren. Richtiges Erziehen ist somit **immer** ein Vorleben, mit dem guten Beispiel vorangehen.

Du magst nun fragen, was die kindlichen Gedanken mit deiner Art zu sein, mit deinem Vorleben zu tun haben?

Sehr, sehr viel! Dein Kind — je kleiner es noch ist, desto stärker ist diese Fähigkeit noch vorhanden — nimmt alle deine Gefühle und deine Gedanken auf. Selbst eine Wand ist kein Hindernis. Ist sie noch so dick und gut isoliert, die Schwingungen der Gedanken und Gefühle dringen einfach hindurch. Dies ist auch der Hauptgrund, warum das gedankliche «Reservoir» eines Kleinkindes schon mit Aggressivität, mit Flüchen, Minderwertigkeitsgefühlen, zerstörerischem Tun, Schuldkomplexen und noch so viel Negativem mehr gefüllt ist.

Selbst wenn dein Kind im Nebenzimmer schläft, füllt sich sein Gedankenfundus mit «Revolverküchen-Gedanken», wenn du im Fernseher einem Krimi mit Lust und Schrecken verfolgst.

Übe dich in positivem, harmonischem Denken. Liebe, Verstehen, Verzeihen und Mitgefühl (bitte nicht Mitleid!) sollten viel mehr Platz in dir beanspruchen dürfen. **Jeder** liebende, positive Gedanke, jedes verstehende, verzeihende Gefühl wird von deinem Kind aufgenommen und wieder als gute Laune und positives Sein ausgestrahlt. Mehr Zuneigung und Vertrauen wir der «Lohn» für dein «diszipliniertes» Denken sein.

Ich möchte diesen Gedanken noch einen Text aus dem Buch «Naturgeister und Engel» von White Eagle, Aquamarin-Verlag, beifügen:

«Oh meine Freunde, könnte die Menschheit doch begreifen, wie bedeutsam es ist, dass Mann und Frau nach dem Bildnis von VATER-GOTT, respektive MUTTER-GOTT erschaffen sind. Könnt ihr denn nicht die grosse Bedeutung der innewohnenden Göttlichkeit im Menschen erkennen? Besinnt euch darauf, wenn ihr die scheinbare Erniedrigung des Mitmenschen betrachtet. Statt diesen zu verdammen, solltet ihr eigentlich das göttliche Antlitz im Bruder und in der Schwester verehren.»

Nimm diesen Text in dich auf. Meditiere über ihn und mache dir deine Gedanken.

Es ist so wichtig für dich und dein Kind, dass du dich einmal mit dem Begriff GOTT auseinandersetzt, dir Gedanken, vielleicht einmal auch andere als bisher, darüber machst, was GOTT, das göttliche Prinzip für dich ist.

Beten, Bitten, danken, verehren …

… Seins-Zustände, die dir und deinem Kind so viel innere Ruhe, Harmonie und Liebe geben können.

Glaube — was ist das?
Ein Wort, das von vielen belächelt, abgelehnt oder als «Dummheit» abgetan wird. Was heisst es nun aber wirklich?

Einen leichter verständlichen Klang nimmt das Wort an, wenn es wie folgt umschrieben oder ausgelegt wird:

Glaube ist nur ein Wort für:
die Gewissheit haben, *dass es so ist!*

Wir müssen das «dass-es-so-ist» nicht einmal genau umschreiben können, nur im Innersten fühlen und wissen:
So ist es und nicht anders!

DRITTER TEIL

Ist dein Kind schon über das Babyalter hinausgewachsen, kannst du mit ihm lernen, positive, liebende Gedanken in seinen Alltag bewusst einzubauen und zu gebrauchen.

Laura und David

Laura spielt vergnügt im Sandkasten. Wunderbar gelingen ihr heute die Sandkuchen. Sie ist glücklich und zufrieden und hat alles um sich vergessen.

David gesellt sich zu ihr. Er ist heute nicht gut gelaunt. Er weiss zwar nicht warum, er ist heute einfach wütend. Übrigens ein fast normaler Zustand bei ihm. Selten, dass er lacht; selten, dass es keinen Streit gibt; wo David auftaucht, läuft's nicht mehr rund. Der Sandkasten- und Mütter-Schreck David!

Laura hat Glück. Sie hat liebe, harmonische Eltern, die die Notwendigkeit des «geistigen Arbeitens» erkannt und auch schon oft positiv eingesetzt haben.

Laura ist für den «Notfall» gerüstet. Sie kennt den «Spiegel» und seine Auswirkungen und die Kraft der Gedanken. Sie stellt in Gedanken ihren «Spiegel» auf.
(Ihren Spiegel? Auf den nächsten Seiten findest du das «Geheimnis» und seine Anwendung!)

Sie macht weiter eine Lichthülle und eine kurze «Lichtmeditation» für David und strahlt ihm einfach Liebe entgegen...
(Lichthülle Seite 147, Lichtmeditation Seite 149 und Liebe senden Seite 153)

Laura und David spielen gemeinsam und in Harmonie im Sandkasten.

Ein Märchen? Nein!

Laura durfte auf einfache Art die Kraft der Liebe kennenlernen und sie hat sehr schnell verstanden, dass ihr junges Leben dadurch viel schöner und angenehmer wurde.

Laura ist kein Wunderkind — sie ist wie dein eigenes!

DER SPIEGEL

Nicht nur im Leben eines Kindes, nein für alle ist der Spiegel ein «Wunderding». Wer ihn einmal kennt, weiss ihn zu gebrauchen, möchte ihn nicht mehr missen. Er ist so einfach im Gebrauch. Es ist jedoch notwendig, zuerst ein wenig zu üben, zu lernen damit umzugehen, so dass er im «Notfall» sofort einsetzbar ist.

Du kannst allein, mit deinem Kind oder mit der ganzen Familie üben. Brauchen kann ihn jeder.

Du stellst dir nun vor, vor dir, unsichtbar für alle andern steht ein grosser Spiegel. Er ist so gross, dass du dich dahinter verstecken kannst. Das ist schon alles!

Zu einfach?

Versuche es! Probiere es einfach einmal aus und staune über die Wirkung.

Der Trick?

Alle, die aggressiv, wütend, schlecht gelaunt oder «böse» auf dich zukommen, müssen sich in dem Spiegel selber anschauen. Obwohl der Spiegel nur in Gedanken — oder vielleicht gerade deswegen — existiert, ist er so machtvoll und wirksam.

Niemand, der mit seiner schlechten Laune, seinem Sadismus oder seiner Aggressivität so direkt konfrontiert wird, hält das lange aus. Entweder geht er weg oder aber, was noch viel besser ist, er ändert sein Verhalten so schnell als möglich.

Wenn du schon einige Übung im Aufstellen von Spiegeln hast, dringt kein negatives Gefühl, keine destruktive Schwingung zu dir durch. Für liebe, lichte Gedanken ist so ein Spiegel kein Hindernis, sie können ungehindert von dir zu deinem Gegenüber und wieder zurück.
Also keine Angst, die Liebe deines Gegenübers kommt sicher bei dir an.

Nun möchtest du diese «Waffe» deinem Kind lehren. Einem kleineren Kind demonstrierst du es am besten mit eienm richtigen Spiegel. Schon Drei- bis Vierjährige verstehen, um was es geht und können diesen Schutz auch erfolgreich anwenden.

Es ist gut, den «Spiegeltrick» hin und wieder neu zu üben, ihn immer wieder, dem Alter und dem Verständnis des Kindes angepasst, zu erklären.

DIE SPIEGELTONNE

Die Spiegeltonne funktioniert genau gleich wie der Spiegel. Nur dass du anstelle eines grossen Spiegels dir einen runden Spiegel, ähnlich einem Fass oder einer Tonne, vorstellst. Die spiegelnde Seite nach aussen und du, von allen «Angriffen» geschützt, in der Mitte. Deine Gegner, ganz gleich von welcher Seite sie nun kommen, müssen sich selber anschauen, sich selber über ihre Fratzen ärgern oder amüsieren.

Aber bitte ja nicht verwechseln: **die spiegelnde Seite immer nach aussen, immer von dir weg!** Sonst könnte es ja passieren, dass du mit deiner schlechten Laune konfrontiert wirst.

Die Spiegeltonne hilft zum Beispiel deinem Kind in der Schule, wenn im Moment nicht so ganz alles rund läuft oder vor allem bei dem so gefürchteten Klassenwechsel. Immer wenn dein Kind oder du selber neu in eine schon bestehende Gruppe kommt, ist als Vorsichtsmassnahme der Spiegel angezeigt. Jeder «Neueintritt» wird so viel «schmerzloser» und harmonischer sein.

Bei ganz «schrecklichen» Momenten ist ein Deckel auch nicht zu verachten.

Ist dein Kind noch zu klein um sich den Spiegel selber vorzustellen, kannst du als Mutter oder Vater dies stellvertretend tun. Einfach ein spiegelnder Kinderwagen oder ein spiegelndes Kinderbettchen mit Deckel drauf. Aber bitte nur, wenn dein Kind wirklich noch zu klein ist oder sonst aus einem Grund keine Möglichkeit hat, sich selber zu schützen. Lass dein Kind auch im Sich-schützen selbständig und erwachsen werden.

Auch wenn ihr als Eltern einmal Streit habt (das kommt doch nie vor!), wartet mit streiten, bis ihr euer Kind geschützt habt.

Ein kleiner Trick: vor dem Streiten einen beidseitig spiegelnden Spiegel zwischen euch aufstellen! (Hi, hi, hi!)

DIE LICHTHÜLLE

Die Grundlage der Lichthülle ist ebenfals das Visualisieren, das Sich-bildlich-vorstellen. In diesem Fall stellst du dir eine grosse Lichtkugel vor.

Vielleicht gefällt dir ein goldenes Ei, eine strahlende Lichtpyramide, die Sonne oder sonst irgend etwas Lichtes, Schönes besser.

Und nun stellst du dir die Person, den Gegenstand, die Situation, die du schützen, der du helfen möchtest, in das Licht. Fertig!

Ja, auch Gegenstände oder Situationen können so verbessert, gemildert oder geschützt werden.

Sicher ist es gut, wenn du als Mutter oder Vater dein Kind auf dem Schulweg in eine Lichtwolke hüllst. Auch ist es durchaus erlaubt, bei wichtigeren Prüfungen ein bisschen nachzuhelfen. Es sollte jedoch nicht so sein, dass der besorgte Papa seine Arbeit nicht mehr richtig tun kann, weil er seinen Sprössling den ganzen Tag in Licht hüllen muss. Eine kurze Lichtmeditation jeden Morgen, in die man die ganze Familie und vielleicht auch noch andere Menschen hineinnehmen kann, ist viel praktischer und führt vor allem nicht zu einer Abhängigkeit.

DIE LICHTMEDITATION

Die Lichtmeditation ist fast dasselbe wie die Lichthülle. Der Unterschied besteht darin, dass die Lichthülle aus dem Kopfzentrum und die Lichtmeditation aus dem Herzzentrum kommt.

Das denken mit dem Herz...

... ich kann dir dazu keine Anleitung geben, denn das Wie kannst du nur in dir selber nachvollziehen und nachempfinden. Versuche es immer und immer wieder, denn das mit dem Herzen Gedachte hat eine noch viel kraftvollere und intensivere Wirkung. Das Denken im Herzen kann jedoch nicht erzwungen werden. In dem Masse, wie du lieben lernst, lernst du auch mit dem Herzen denken. Jeder Versuch, und steckt er noch so in den Kinderschuhen, ist schon viel, viel besser und wirkungsvoller als ein «ich kann es doch nicht».

Bitte verwechsle das Herz-Denken und die Lichtmeditation nicht mit irgendwelchen anderen «Lichtmeditationen». Sie haben ganz sicher auch ihre Berechtigung und tragen für den Geübten zur inneren Ruhe und zur Harmonisierung bei, haben aber einen andern Sinn zu erfüllen. Sie entsprechen einem anderen Seins-Zustand.

Lichthülle und Lichtmeditation kannst du so oft wie du willst und so oft es dir als notwendig erscheint, anwenden. Wenn du schon ein bisschen Übung hast, ist es dir auch überall, ohne aufzufallen, möglich.

Ob nun streitende, leidende Menschen, die unter ihrer Unzufriedenheit leiden, eine übelgelaunte Verkäuferin, ein leidendes Tier oder selbstverständlich auch leidende Pflanzen — alle sind für dein Licht empfänglich und für ihre «eingesperrten», sehr oft leidenden Seelen ist dein Licht und deine Liebe ein Labsal.

Um die Lichthülle oder die Lichtmeditation deinem Kind zu erklären, eignen sich auch wieder Papier und Farbstifte sehr gut. Oder aber eine Lampe, die du in einem abgedunkelten Raum hinter eine Person stellst. So kann sich dein Kind ein Bild von der Lichthülle machen und sie sehr leicht in Gedanken nachvollziehen.

Zeichnend oder mit der Lampe vordemonstriert, lernt es dein Kind sehr schnell. Aber noch schneller und dauerhafter lernt es dein Kind, wenn du es ihm vorleben kannst. Das Vorleben ist und bleibt die beste Erziehung, der beste Lehrmeister.

Wie beim Spiegel braucht auch der Umgang mit Licht Übung. Probier es immer und immer wieder aus. Täglich, stündlich, lass es zu deiner zweiten Natur werden, dass du alles, was nicht harmonisch, schön und licht ist, mit einer Lichthülle umgibst. Du hilfst damit nicht nur deiner Umwelt, sich wohler zu fühlen; jeder lichte Gedanke hilft auch dir, in ein inneres Gleichgewicht, zu innerer Ruhe zu kommen.

Am Anfang ist es ein bisschen mühsam, immer wieder daran zu denken. Aber wie immer: Übung macht den Meister, und mit der Zeit wird es für dich fast so automatisch wie das Atmen.

LIEBE SENDEN

Auch das ist wieder so etwas, mit dem man so viel und doch nichts Rechtes anfangen kann!
Was heisst «Liebe senden»?

Das «Liebe senden» erfolgt aus dem Herzchakra, vom Herzzentrum aus.

Stell dir vor, dein Herzzentrum öffnet sich ganz weit. Bitte **nur** das Herzzentrum! Mitleid, «ach, der Arme!» und sämtliche Gefühlsduselei gehören zum Solar plexus, zum Sonnengeflecht, zum Gefühlszentrum. Wenn du dieses zu sehr öffnest, verlierst du viel zu viel Energie. Derjenige, dem du Hilfe und Liebe senden möchtest, kann aber leider deine Solar plexus-Energie nur einen ganz kurzen Moment für sich verwenden, denn sie löst sich bei einem anderen Menschen sofort in Nichts auf. Und du? Du stehst dann da, fühlst dich leer und erschöpft. Und helfen kannst du dem anderen nicht.

Also bitte: das Herzzentrum!

Denke einmal ganz fest und lieb an jemanden. Jetzt fühle: wo ist am meisten Energie? Wo wird es warm oder kribbelt es? Vielleicht fühlst du es auch wie ein kleiner Druck. Beim Magen? Dann war's leider der Solar plexus. Das Herzzentrum liegt zirka 15 bis 20 cm höher, in der Mitte beim Brustbein, auf der Höhe des physischen Herzens. Aber so ganz genau kommt es auch wieder nicht darauf an, denn das Herzzenturm, das Herzchakra ist im feinstofflichen Bereich.

Du hast nun dein Herzzentrum ganz weit geöffnet und ein Strahl von Licht und Liebe findet seinen Weg nach aussen.

Stell dir nun auf der Höhe des Herz-Zentrums einen Fensterladen vor. Es ist Nacht und der Fensterladen ist geschlossen. Nun wird es Morgen, draussen wird es hell. Die Dunkelheit im Zimmer stört dich. Stosse die Läden auf! Öffne sie ganz weit! Lass Licht und Sonne in dein Innerstes und vor allem: öffne deine Fensterläden, um all die Liebe, die du in dir hast, auszusenden.

In jedem «bösen» Menschen, in jedem aggressiven Kind ist eine Seele, die verzweifelt um Hilfe ruft. Sie ist am verhungern. Die Hauptnahrung der Seele ist die Liebe... und bei einem «bösen» Menschen? Er erntet nur Hass und Ablehnung! Immer verzweifelter schreit seine Seele, immer unwohler fühlt sich der Mensch, immer aggressiver wird er, immer mehr Ablehnung wird ihm entgegengebracht — und immer geht es so weiter...

Möchtest du nicht diesen Teufelskreis durchbrechen?

Gib seiner Seele Licht und Liebe. In jedem Menschen — mag er nach aussen hin sein wie er will — ist ein liebenswerter, göttlicher Kern. Je mehr Licht und Liebe du diesem eingesperrten göttlichen Wesen sendest, desto mehr kann es wachsen, gross und stark werden und von innen her den «bösen» äusseren Menschen beeinflussen.

CHAKRA-ARBEIT

Es tönt leider fast wie Werbung, wenn ich dich auf das Buch «Antwort deiner Seele» hinweise. Es ist jedoch nicht möglich, die 110 Seiten, die die Chakra-Arbeit genau erklären, auf ein in dieses Buch passendes Mass zu reduzieren.

Das Öffnen und Schliessen der Chakras ist für Kinder kein Problem. Ich staune immer wieder, wie schnell Kinder das Visualisieren und das bewusste Einsetzen der Energiezentren lernen.

Bei Babies und Kleinkindern kannst du in Gedanken oder mit deinen Händen das Öffnen und Schliessen nachvollziehen.

Vor allem abends, vor dem Schlafengehen, wenn dein Kind noch so voll Lebensfreude und Übermut ist, hilft das Schliessen des Solar plexus, des Sonnengeflechtes, um Ruhe und Bereitschaft zum Schlafen hervorzuzaubern.

TRAUMARBEIT

Gerda

Gerda hat panische Angst vor Gewittern. Donnert und blitzt es so recht schön, schreit Gerda herum, weiss nicht, wo sie sich verkriechen soll und ist noch nach Stunden nicht zu beruhigen.

Ihre Mutter erzählt:

Als sie selbst noch ein Kind war, bewohnte sie mit ihrer Schwester ein Zimmer im Dachstock eines Bauernhauses. Es war ein grosser Hof; Eltern, Grosseltern, Knechte und Mägde wohnten alle unter einem Dach.

Irgendwann einmal, es war ein schwüler, gewittriger Tag und das ganze Haus war voll Spannung und Unruhe:
Es brodelte unter der Oberfläche; die sonst sehr friedliebenden Menschen gerieten wegen Kleinigkeiten aneinander, die Kinder wurden einer Kleinigkeit wegen ins Bett geschickt und Grossvater hatte schon einen über den Durst getrunken…

… Endlich brach das Gewitter mit aller Heftigkeit los. Die Mädchen hörten jedoch neben dem Donnergrollen noch ein anderes Poltern auf der Treppe. Dem schon alkoholisierten Grossvater war die Strafe der Mädchen zu nichtig vorgekommen. Der sonst wirklich liebe und lustige Grossätti wollte in seinem Rausch das «Versäumte» nachholen; er drang ins Kinderzimmer ein und schlug auf die Kinder ein. Donner und Blitz trugen auch nicht gerade zur Harmonisierung der Szene bei…

Das Gewitter war vorbei, die Spannung gelöst, Grossvater verkroch sich schuldbewusst in sein Zimmer. Alles war wieder ruhig. Die Mädchen hatten den «Betriebsunfall» bald einmal verdrängt. Später wurde über die Geschichte noch oft gelacht.

Das Unterbewusstsein der Mädchen reagierte jedoch anders; es hat sich die Situation sehr wohl gemerkt:
Gewitter — Gefahr — Schläge und Schmerzen …

Zwanzig Jahre später:
Gerdas Angst, alles gute Zureden, Gewitter mit Spass und Freude mitzuerleben, brachte für sie keinen Abbau der Angst.

Die Mutter entschloss sich zur Traumarbeit. Sie räumte in ihrem Unterbewusstsein mit dem Grossvater auf, sie rechnete mit ihm ab.

Ohne dass weiter auf Gerdas Ängste eingegangen wurde, haben sie sich aufgelöst. Heute hat Gerda ihren Spass, wenn's so richtig blitzt und donnert. Das Kind hatte die unbewusste Angst der Mutter übernommen und sie an deren Stelle ausgelebt.

Bei der Traumarbeit hat nun die Mutter ihre unterdrückte, verdrängte Angst wieder ausgegraben und diesmal richtig verarbeitet, aufgelöst und weggeschickt. Sie übermittelt dem Kind nun nicht mehr: Gewitter — Gefahr — Schläge und Schmerzen. Das Kind kann die unlogische Angst loslassen und mit viel Spass die bisher beängstigende Situation geniessen.

Hat dein Kind unerklärliche Ängste oder Probleme, suche einmal in deiner (oder in deines Partners) Vergangenheit, in deinen Erinnerungen, ob da nicht irgendwo eine Ursache sein könnte. Kinder übernehmen sehr oft uneingestandene, unbewusste Ängste oder Verhaltensmuster der Eltern. Somit ist es wichtig, dass du in deinem Unterbewusstsein «aufräumst» und dein Kind nicht weiter mit Unbewusstem, Unterdrücktem, nicht Erkanntem belastest.

Mit der Traumarbeit hast du Zugang zu deinem Unterbewusstsein, Zugang zu Regionen, die du mit deinem Tagbewusstsein nie erreichen und bearbeiten kannst. (Anleitung zur Traumarbeit findest du auf den Seiten 166 ff.)

DAS UNTERBEWUSSTSEIN

Das Unterbewusstsein könnte man fast mit einem Computer vergleichen: alles, was du erlebst, siehst, hörst oder sonst irgendwie wahrnimmst, wird von Geburt an gespeichert. Sehr oft sogar Dinge, die dein Tagbewusstsein nur mangelhaft oder gar nicht registriert.

Im Traum wird nun sehr viel von dem Aufgenommenen bearbeitet, leider jedoch nicht ganz alles. Tiefgreifende Erlebnisse, zu viele Eindrücke an einem Tag oder aber Dinge und Begebenheiten, die wir einfach nicht wahrnehmen wollen, werden irgendwo, in einem sehr «dunklen Keller» gelagert und gespeichert. Weil wir in diesem dunklen Keller nie «ausmisten», kann es nun geschehen, dass irgend ein gut «eingemachtes» Erlebnis zu gären oder zu faulen anfängt. Dein Körper oder aber der deines Kindes nimmt ein Warnsignal auf und möchte es dir mit einem körperlichen Symptom oder mit einem psychischen «Fehlverhalten» melden.

Auch Haustiere, wenn sie eine starke Bindung an einen Menschen haben, nehmen «freiwillig» Krankheiten, die eigentlich für ihren «Meister» bestimmt wären, auf sich. Es lohnt sich also, die Krankheiten oder Unfälle deines Lieblingstieres genauer zu hinterfragen.

Bitte verstehe nicht falsch: nicht jede Krankheit, jeder Unfall, jede Angst oder jedes Leiden deines Kindes oder deines Tieres ist auf **dein** «Fehlverhalten», **deine** «nicht-seelengerechte» Lebenseinstellung zurückzuführen.

Leider kennen wir unseren Körper nicht mehr sehr gut. Wir haben Schmerzen und Leiden ohne zu wissen, was das für uns bedeutet, was wir bearbeiten oder ändern müssten. Du verstehst nicht, warum du (oder dein Kind) in gewissen Situationen auf eine unangenehme oder gar zerstörende Art reagierst. Vielleicht ist es auch nur ein Wort oder eine Redensart, die dich «zum Wahnsinn treibt».

Hast du eine Ursache mit dem Kopf erkannt, ist sie damit noch lange nicht behoben. Mit dem Tagbewusstsein erreichst du dein Unterbewusstsein nicht. Es braucht schon einen kleinen «Trick», um in diese Regionen vorzudringen.

Wenn du nun vor dem Schlafengehen die Situation, das Geschehene von damals dir wieder in Erinnerung rufst, wieder mit allen Gefühlen hineingehst, kannst du in der Nacht in deinen Träumen zu dem «Unerledigten» vordringen.

Sicher gibt es verschiedene Möglichkeiten, Korrekturen in deinem Unterbewusstsein anzubringen. Meine Erfahrungen mit der Traumarbeit zeigen jedoch, dass diese Methode eine der einfachsten ist. Sie hat zudem den sehr grossen Vorteil, dass du dieses «Arbeiten», dieses Reinigen ohne geschulte Hilfsperson durchführen kannst. Du bist somit nicht auf einen Therapeuten, einen Psychoanalytiker oder sonst eine «teure» Person angewiesen. Und damit wäre auch das grosse finanzielle Problem, das sicher für viele eine grosse Barriere im Weiterkommen war, weggeräumt.

Leider ist damit auch eine der gebräuchlichsten Ausreden gegenstandslos geworden! Wirklich leider?

Bitte deinen Partner oder einen Freund, sich als «Hilfe in der Not» bereitzuhalten. Es ist gut, jedoch nicht notwendig, wenn du jemanden hast, bei dem du dich aussprechen, ausweinen oder austoben darfst. So gut versteckte Gefühle bergen sehr oft Leid und Trauer, Aggression, Wut, Hass oder noch andere unangenehme Gefühle in sich, und wenn nur eines davon an die Oberfläche kommt... da ist es schon gut, wenn du nicht ganz alleine damit dastehst. Es kann schon ein bisschen unangenehm für dich werden.

Wenn dein «Zuhörer» zuerst noch lernen würde, seinen Solar plexus zu schliessen, wäre das schon sehr gut. Er oder sie läuft sonst Gefahr, deine negativen Gefühle, dein aufgewühltes Sein zum Teil zu übernehmen; und das ist ja wirklich nicht der Sinn der Übung.

Hier einige Teilausschnitte aus dem Buch «Antwort deiner Seele»:

Die beste Zeit zur Reinigung ist die Zeit kurz vor dem Einschlafen. Du bist schon angenehm müde, aber nicht übermüdet. Schläfst du immer gleich ein, müsstest du ausnahmsweise einmal eine halbe bis eine Stunde früher ins Bett oder deine «Vorarbeit» im Sitzen durchführen. Gut ist es auch, jedoch nicht Bedingung, wenn du zur Vorbereitung alleine bist.

Bitte deinen Partner erst eine halbe Stunde oder eine Stunde später als du ins Bett zu kommen. Erkläre ihm aber bitte auch warum!

Du stellst dir nun, so gut du dich noch daran erinnern kannst, die Situation von damals vor. Auch wenn du dich nicht mehr an Kleinigkeiten oder an den wahren Sachverhalt erinnern kannst, ist es nur halb so schlimm. Wichtig ist, dass du die Gefühle, die es damals bei dir ausgelöst hat, wenn möglich wieder empfindest.

Hast du die kleine Geschichte wie sie war oder wie sie hätte sein können, durchgefühlt, beginne wieder von vorn. Beim zweiten Mal jedoch mit einem anderen Ende. Der Anfang bleibt sich gleich, bis zu dem Zeitpunkt, als es für dich nicht mehr stimmte und du dich wehrlos unterlegen gefühlt hast.

Setze nun deine Fantasie ein. Spinn deine Geschichte weiter, jedoch so wie sie dir gefällt, so wie sie für dich hätte sein sollen. Wiederhole das einige Male. Immer wieder die gleiche Szene, jedoch nur das erste Mal zu deinen Ungunsten, bei jedem neuen Durchdenken bist und bleibst du Sieger.

Bleib wenn möglich bis du einschläfst mit deinen Gefühlen und Gedanken in der Geschichte. Lasse dich aber auf keinen Fall durch die Geschichte am Einschlafen hindern. Und denke wirklich nicht mehr an das Unangenehme der damaligen Situation.

Vielleicht reicht dir schon ein Abend, vielleicht brauchst du zwei, drei, vier oder noch mehr. Sobald du am Morgen beim Aufwachen das Gefühl hast: heute Nacht habe ich gesiegt, kannst du dich einem neuen «Fehler» zuwenden oder erstmal Pause machen.

Wichtig ist das Gefühl des Gesiegt-habens. Ob du dich nun an den Traum erinnerst oder nicht, ist nebensächlich. Das Gefühl des Gesiegt-habens oder «ich hab's geschafft» zeigt dir an, dass du Erfolg mit der Reinigung gehabt hast.

Kommt dieses Gefühl nicht, so ist das auch keine Katastrophe. Beobachte deinen Alltag: vielleicht hat sich schon etwas verändert und du hast es gar nicht wahrgenommen!

Mach die Vorbereitung zur Reinigung höchstens eine Woche.

Bitte sei dabei nicht allzu verbissen, denn Verkrampfung ist bei allen Übungen sehr störend und auch hindernd.

Mache nach dieser Zeit eine Pause und beobachte deinen Alltag. Ist das Störende immer noch da? Wenn nicht, hattest du Erfolg. Ist dein Reagieren immer noch dasselbe, starte einen neuen Versuch. Mach jedoch bitte keine zu ernsthafte, dogmatische (sture) Angelegenheit daraus.

Hast du Übung im Autogenen Training, kannst du die «Traumarbeit», das Reinigen des Unterbewusstseins in einem total entspannten Zustand durchführen. Dieser Zustand kommt in der Auswirkung bei dieser Arbeit dem Schlafzustand nahe.

Sind es nur kleine «Korrekturen», wird es ausser der positiven Veränderung nicht allzuviel Reaktionen hervorrufen. Wie tief jedoch die Wurzel sitzt, kannst du nicht zum voraus wissen. Bitte verständige deshalb deinen «Aufpasser» bei jedem neuen Start. Geht die Wurzel des «Fehlers» sehr tief, kann es sein, dass du auf «Schleuderkurs» gerätst. Alte unterdrückte Gefühle steigen hoch. Du bist ohne Ursache stocksauer, wütend, traurig, verzweifelt, aggressiv.

Vertraue dich in diesen Momenten deinem «Aufpasser» an. Er soll dir keine guten Ratschläge und auch keine weisen Verhaltensmassregeln geben. Wenn er stark genug ist, darfst du vielleicht deine Aggressionen auf ihn projizieren und ihm mal «alle Schande» sagen. Er sollte jedoch deine Schimpfsalve wie Wasser an sich herunterlaufen lassen, sich schütteln und, ohne verletzt oder «eingeschnappt» zu sein, wieder für dich da sein. Er sollte so stark sein, dass er deinen Ausbruch **nicht** auf sich persönlich bezieht.

«Spukt» in deinem Unterbewusstsein noch irgendeine Autoritätsperson — Vater, Mutter, Lehrer, Pfarrer etc. — und veranlasst dich zu Selbstbestrafung oder hindert dich, dich selber zu sein, müssen wir in unserer «Traumarbeit» den Kampf mit dem «Phantom» dieses Menschen aufnehmen.

Es ist nicht deine geliebte Mutter, die du besiegen sollst, sondern das in deinem Unterbewussten festgeklammerte verzerrte Wesen, das ihre Gestalt trägt. Bitte verstehe richtig. Du sollst auf gar keinen Fall, auch nicht in Gedanken, die von dir geliebten oder gehassten Menschen vernichten, **nur** den verfälschten Schatten, das Zerrbild. In der Bio-Energetik werden diese Schatten «die Hintermänner» genannt, für Sigmund Freud war es das «Über-Ich». Ich habe ihm den Namen «Phantom» gegeben.

Sicher hast du schon Schattenbilder gemacht. Du hast eine Lichtquelle und hälst deine Hände oder sonst irgendeinen Gegenstand zwischen das Licht und die Wand. An der Wand erscheint ein Bild. Es hat jedoch seine Gestalt und seine Grösse im Vergleich zum Objekt verloren. Ein Zerrbild ist entstanden.

Genauso sind in deinem Unterbewusstsein Zerrbilder von Personen, die in deiner Kinderzeit einen gewissen Einfluss auf dich hatten. Du konntest als kleines Kind die Zusammenhänge unmöglich erkennen, für dich war nur das Schattenbild in ihnen erkennbar, und dieses hat sich tief in dein Unterbewusstsein eingeprägt.

Silvia und Sandra

Es ist Abend, Zeit zum Waschen, Zähneputzen und ins Bett gehen. Silvia und Sandra spielen übermütig im Bad. Ihr Spiel ist erregend und für die zwei kleinen Mädchen sehr schön und interessant: sich mit den Zahnbürstchen anspritzen, berühren und erregen. Laut quietschen sie um die Wette. Mama hat nichts dagegen, dass sie sich austoben. Nachher sind die Mädchen schön müde und wenn Papa heute von dem so strengen Arbeitstag nach Hause kommt, schlafen sie schon wie Engelchen.

Papa kommt von der Arbeit nach Hause. Er hat einen sehr langen, unangenehmen und arbeitsreichen Tag hinter sich. Seit dem Morgen plagen ihn auch noch unerträgliche Kopfschmerzen. Ausgerechnet heute, an einem Arbeitstag, der sowieso schon so viel Unangenehmes brachte und der ungewöhnlich lange war.

Er öffnet die Wohnungstür und wird vom Quietschen und Schreien der zwei kleinen Mädchen empfangen. Dieser Lärm ist einfach zuviel; dem sonst so lieben Papa brennt die Sicherung durch. Er geht ins Bad, packt die zwei kleinen Evas und mit einem Klaps auf den Hintern jagt er sie ins Bett. Nun ist das Geheul nicht mehr fröhlich. Die Mädchen sind erschrocken; so haben sie ihren Papi noch nie gesehen. Weinend verkriechen sie sich unter die Dekke. Mutti versucht zu trösten und zu erklären. Bald schon schlafen die kleinen Fräuleins auch beruhigt ein.

Mehr als dreissig Jahre später:

Silvia ist eine unantastbare, «frigide» Frau geworden. Ihre Ehe hat nur sehr kurze Zeit gedauert und nach der Scheidung hat sie sich mit keinem «neuen» Mann befreundet. Sexuelle Lust wurde damals indirekt bestraft. Das Unterbewusstsein hat sich diese «Begebenheit» gut gemerkt. Jedesmal, wenn Silvia sich sexueller Lust hingeben wollte, hat sich das Unterbewusstsein mit Angst, «verbotenem Tun» und dergleichen gemeldet. Silvia hat den Zusammenhang nicht erkannt. Für sie war sexuelle Lust immer nur mit unangenehmen Gefühlen verbunden.

Sandras Ehe war glücklicher. Sie lebt immer noch in gutem Einvernehmen mit ihrem Mann zusammen. Eine harmonische, glückliche Familie. Sicher gibt es auch hie und da Probleme, aber die meisten lassen sich relativ schnell beheben. Nur ein Problem hat sich wie eine Klette gehalten. Es ist eigentlich kein sehr grosses Problem, aber störend:

Immer wenn Sandra mit ihrem Mann zusammen war, macht sich nachher eine Entzündung, manchmal sogar ein offenes Ekzem bemerkbar. Die Diagnose des Arztes: Allergie auf Sperma. Und jetzt?...

Sandras Vater spuckt in ihrem Unterbewusstsein immer noch als strafendes Phantom herum. Denn trotz erklären und entschuldigen hat sich der damals in der Kindheit strafende Vater als Phantom festgesetzt. Dieses Phantom klammert sich nun fest und immer wenn sich die Frauen sexuellen Lustgefühlen hingeben, kommt aus dem Unterbewusstsein das Phantom und zwingt sie zur «Selbstbestrafung».

Was tun?

Du könntest in der genau gleichen Situation sein. Irgendeine Tätigkeit, irgendein Tun, das du in kindlicher Unschuld getan hattest, wurde durch körperliche oder psychische Strafe vielleicht sogar ungewollt «erzogen».

Heute steht keine Mutter, kein Vater mehr hinter dir, um dich zur Rechenschaft zu ziehen. Ist ja auch gar nicht notwendig, dein Unterbewusstsein besorgt das weiter. Das Schlimme daran ist nur, dass das Unterbewusstsein nicht denken kann; es ist so dumm wie ein Computer ist und immer und immer wieder druckt es den gleichen Fehler aus.

Also auch ungerecht bestraftes Tun wird als strafbares Tun registriert und selbst wenn dir diese «Fehler» im Tagbewusstsein klar ersichtlich und bewusst sind, wird dich dein Unterbewusstsein ein Leben lang für ein solches Tun «bestrafen».

Beginne bei deiner Säuberungsaktion wenn immer möglich bei der dir am nächsten stehenden Person. Wenn du es schaffst, deinen Vater oder deine Mutter (oder deren Ersatz) zu besiegen, so sind alle anderen «Hintermänner» nur noch Kinderspiel.

Hast du schon einmal einen Krimi gelesen, oder einen Film am TV oder im Kino gesehen? Na gut, dann hast du ja schon «Vorbildung».

Jetzt geht es nämlich hart auf hart. Du stellst dir eine Situation aus deiner Kindheit vor, bei der du geschlagen, ungerecht behandelt, mit Liebesentzug oder sonst auf eine Art gestraft wurdest. Stell dir die Situation vor, wie sie war oder wie sie hätte sein können.

Und nun wiederholst du die ganze Szene. Du bist aber nicht mehr der «Alte» und lässt es dir nicht mehr gefallen, dass du geschlagen oder sonstwie gestraft wirst.

Du setzt dich zur Wehr; hab keine Angst, alles ist erlaubt. Lass alle deine Moralvorstellungen, deine anerzogenen Tabus fallen.

Geh auf das Zerrbild los, vernichte es. Welche Mittel du dazu wählst, ist ganz allein deine Sache.

Glaub mir, wenn du die Figur deiner Mutter oder deines Vaters nimmst (manchmal ist es auch dein Ehepartner, deine Kinder oder sonst eine dir sehr nahe stehende Person), ihre körperliche Erscheinung dir vorstellst, kommst du viel schneller und gezielter an die Ursache heran.

Denn das Phantom versteckt sich hinter der physischen Erscheinung dieses Menschen.

Hab keine Hemmungen; in diesen Vorstellungen ist alles erlaubt. Es ist sogar sehr, sehr gut, wenn du Hass und Wut, Aggressionen und gestaute Perversionen bei diesen Vorstellungen herauslässt. All diese Gefühle sind ja nicht gegen die lebende Person, sondern gegen das Phantom, gegen das Zerrbild gerichtet.

Hast du gesiegt, hast deinen Gegner erledigt, zu Mus gestampft oder was immer, so schicke der lebenden Person, die du gerade in deinen Gedanken besiegt hast, gute Gedanken. Die Heil- oder Lichtmeditation aus dem ersten Band ist die beste Art dies zu tun.

Ist der Mensch, den du besiegen musst, schon gestorben, kannst du genau dasselbe tun. Auch hier ist es möglich, nach «getaner Arbeit» Licht und Liebe ins «Jenseits» zu senden. Für Verstorbene sind lichte, liebende Erinnerungsgedanken, Gebete und Lichtmeditationen eine Wohltat. Es ist für sie ein beglückendes Gefühl, wenn liebende Gedanken aus der physischen Welt zu ihnen durchdringen.

Für «harte» Traumarbeit haben Verstorbene viel mehr Verständnis, als es noch im physischen Körper Weilende je haben werden. Für sie sind fesselnde «Stricke», die uns lähmenden Verbindungen genau so hinderlich und störend wie für uns.

Fast immer sind Beziehungsprobleme auf die Beziehung zu Mutter oder Vater zurückzuführen. Das muss nicht heissen, dass du ein schlechtes Verhältnis zu deinen Eltern hattest, oder dass du eine schlechte Tochter oder ein missratener Sohn bist.

Das Besiegen einer Person ist der Beziehung zu diesem Menschen nur förderlich. Sind die «Leitungsrohre» einmal ausgeputzt, kann viel mehr, nicht mit Aggressionen und Hass verunstaltete Liebe fliessen.

Das Ausputzen jedoch, das kann schon einiges zutage fördern. Nimm die unangenehme Zeit in Kauf. Du wirst dich nachher viel wohler fühlen.

DIE GROSSE FRAGE

Im ersten Buch habe ich auf den Seite 32 bis 35 das Prinzip der Gedanken, der Schwingungen und ihrer Auswirkungen erklärt.

Und nun die grosse Frage:

Wenn ich doch in Gedanken jemanden umbringe, erzeugt das nicht unendlich viele negative, niedere Schwingungen?

Ich kann dir darauf nur mit meinen Erfahrungen antworten. Sie zeigen mir, dass, auch wenn sich ein Mensch mit total Negativem beschäftigt, sobald es der Selbstreinigung dient, **keine** tiefen Schwingungen nach aussen dringen. Eine wissenschaftliche Erklärung kann ich dir dafür nicht geben. Für mich ist es unser «Schutzengel» oder wie du diese allgegenwärtige Kraft nennen willst, die uns auf dem Weg zur Harmonie und Ausgeglichenheit hilfreich und beschützend zur Seite steht.

Wie uns White Eagle in seinen Büchern (Durchsagen) belehrt, ist die Motivation, die Grundeinstellung zu einem Tun viel massgebender als die Tat selbst.

Was es auch immer sein mag, du bist geschützt, es kommt nur Positives auf dich zurück und das lebende Vorbild deines phantomartigen «Feindes» wird in keiner Weise belästigt oder geschädigt.

Das Licht hingegen und die liebenden, gereinigten Gedanken können von feinfühlenden Menschen empfangen und wahrgenommen werden.

Eine zweite Frage:

Wie ist es, wenn jemand nicht mehr bei uns ist, wenn das Vorbild des Phantoms gestorben ist?

Auch das hat auf deine «Traumarbeit» keinen Einfluss. Du bekämpfst ja nicht die Person, sondern lediglich das sich deinem Unterbewusstsein eingeprägte Phantom.

Von dir ausgesendetes Licht oder ein für den Verstorbenen gesprochenes Gebet wird, wenn es aus tiefstem Herzen und aus freier Überzeugung gesprochen wird, von den Seelen der Verstorbenen in Liebe angenommen.

Eine dritte Frage:

Wenn es nicht funktioniert?

Fürs Nicht-funktionieren gibt es viele verschiedene Möglichkeiten. Sag bitte nicht bei jeder sofort: nein, das ist es nicht; vielleicht ist genau das die Fehlerquelle, genau das, was du nicht wahrhaben möchtest.

Sei ehrlich mit dir!

Gründe könnten zum Beispiel sein:

- Die «Technik» als nichtig abtun.
- Mit einem Achselzucken «na versuchen wir es einmal, wird wohl nichts geschehen».
- Die Einstellung: bei mir geht es sowieso nicht.
- Ich bin doch so sanftmütig und lieb, ich kann und darf doch nicht, nicht einmal in Gedanken, jemandem etwas antun! (Ist das nicht nur Heuchelei?)
- Sehr strenge (jedoch auch sehr liebevolle) Erziehung hindern dich daran, dich gegen die «Phantom»-Person aufzulehnen.
- Falsch verstandene, falsch «eingetrichterte» religiöse Dogmen und Glaubenssätze.
- Religiöse oder sektengebundene Abhängigkeit.
- Angsteinflössende Autoritätsperson.
  (Braucht sehr viel Geduld und Mut zum durchhalten.)
- Wenn dem Phantom eine beherrschend-liebende Person zu Grunde liegt.

- Wenn zwischen Vorstellen des Ereignisses und dem Schlafengehen noch viele, nicht dazugehörende Gedanken sind.
- Wenn zwischen Vorstellen und Einschlafen noch ein Gespräch mit jemandem liegt.
- Musik während und nach dem Vorstellen.
- Nicht loslassen wollen der Situation; du geniesst das bemuttert werden, die dich «beherrschende Liebe»!
- Angst, dass du dich nachher nicht mehr bedauern könntest.
- Angst, dass es dir nachher besser geht. (Das gibt es!)
- Angst vor Veränderung, Neuem, Unbekanntem.
- Die Ursache nicht sehen wollen, nicht sehen können.
- Ursachen nicht wahrhaben wollen.
- Die Ursache erzeugt in dir Scham.

LOSLASSEN

Das ewige Loslassen!
Was soll ich denn noch loslassen? Ich halte doch nichts fest; mein Kind schon gar nicht!... Ich möchte doch, dass

mein Kind selbständig wird! Ganz sicher halte ich es nicht «künstlich» klein und unselbständig!...

... Aber es ist doch noch so klein und unselbständig, ich kann doch von ihm noch nicht so viel verlangen... Ich muss doch noch...

Wie alt ist dein Kind? Ist es wirklich noch so klein wie du meinst?

Um richtig zu sehen, um dich selber nicht zu täuschen, ist es wichtig, dass du einen Abstand bekommst, dass du loslässt.

Nur im Loslassen kannst du erkennen. Nur durch Loslassen wird die Distanz von dir zum Kind so gross, dass du klar sehen kannst.

Loslassen..., aber wie?

Hier müssen wir nun kein Phantom, keinen hartnäckigen Schatten vernichten. Nein! Unserer zu engen, zu starken Bindung müssen wir zu Leibe rücken.

Bindung — binden — etwas anbinden — etwas festhalten — etwas fesseln — nicht loslassen wollen.

In diesem geistigen Theater bist du Hauptakteur. Du stellst dir vor, von dir aus geht ein dickes Seil, Ketten, Fesseln oder sonst etwas «Bindendes» zu deinem Kinde. In das eine Ende bist du verwickelt und in das andere Ende ist dein Kind verstrickt. Hoffnungslos seid ihr aneinandergekettet. Wie die Arme eines Tintenfisches, der seine Beute festhält, sind die Enden deiner Fessel um dein Kind geschlungen und halten es fest. Wehrlos allem Positiven und Negativen ausgeliefert.

Dein Tun, um das alles aufzulösen, erfordert viel Mut, Kraft und vor allem Ehrlichkeit von dir.

In Gedanken trennst du mit einem Beil, einem grossen Messer, einer Säge, einem Laser-Strahl oder Flammenwerfer, mit Feuer oder Licht (vielleicht hast du andere, eigene Ideen!) das Seil, vernichtest die Fesseln, brichst du die Ketten entzwei! Löse alle Bindungen auf!

Auch andere Arten, andere Ideen sind zur Auflösung der Bindung möglich.

Stell dir vor, vor dir steht eine brennende Kerze. Du kannst dich jedoch auch an einen Tisch setzten, auf dem eine richtige, brennende Kerze steht. Du stellst dir nun vor, dir gegenüber sitzt der Mensch, von dem du dich lösen möchtest. Es ist vielleicht nicht nur dein Kind, zu dem du eine zu starke Bindung hast. Du kannst dir jeden Menschen, von dem du dich lösen möchtest, vorstellen. Ein dickes Seil geht von dir zu ihm. Das Seil ist genau über die Kerzenflamme gespannt. Langsam, Faser um Faser, verbrennt das bindende Seil, bis endlich gelöst und entspannt die Enden zu beiden Seiten herunterfallen.

Oder der Tintenfisch:
Du stellst dir vor, du bist im Körper dieses Tintenfisches. Strenge dich an, befreie dich aus diesem Körper und die Arme des Riesentintenfisches fallen leblos von deinem Kinde ab. Du und dein Kind, ihr fühlt euch frei und befreit.

Sieh in Gedanken, wie dein Kind tanzt, sich freut, jubelnd um dich herum hüpft! Vielleicht fühlst du sogar seine zarte, jetzt wirklich freiwillige Umarmung!

Es ist durchaus möglich, dass du das dicke Seil nicht in einem Arbeitsgang durchtrennen kannst. Versuche immer und immer wieder, dir das Seil vorzustellen, das dich und dein Kind zu so vielem Leiden zwingt. Immer und immer wieder zerstörst du es. Du wirst sehen, dass das Seil mit jedem neuen «Bearbeiten» dünner und dünner wird. Übrig bleibt ein dünner Faden. Und jetzt Mut! Auch dieser Faden, die allerletzte Faser muss durchtrennt, aufgelöst werden.

Beobachte den Alltag. Achte dich auf kleine Veränderungen. Diese «Arbeit» löst nicht mit einem Schlag, mit einem «Knall» alle Probleme von dir und deinem Kind auf. Die alten Gewohnheiten müssen immer mehr weggelassen werden. Du wirst sehr bald merken, was überflüssig und was noch notwendig ist. Aber alte Gewohnheiten wegzulassen, das braucht seine Zeit, das geht leider nicht einfach so von heute auf morgen. Diese alten Gewohnheiten zu erkennen, dazu brauchst du deine Ehrlichkeit und für's Weglassen brauchst du deinen Mut.

Alte, zähe Bindungen, die du noch hast und die dir im Wege stehen, kannst du auf die gleiche Weise auflösen.

DIE ANDERE HÄLFTE DES LOSLASSENS

Ja, die andere Hälfte des Loslassens!
Sie ist leider noch ein bisschen zäher und hartnäckiger zu bearbeiten als der erste Teil.

Alle deine unbewussten Ängste und sehr viele deiner unterdrückten, negativen (destruktiven) Seins-Zustände und Lebenseinstellungen werden sich zu Wort melden. Du kommst nicht darum herum, auf deiner dunklen Seite ein wenig aufzuräumen.

Um wirklich **ganz** loszulasen, musst du uneingeschränkt ehrlich mit dir sein und du solltest dich vor dir selber nicht schämen. Du bist niemandem, ausser dir selber und dem «lieben Gott» Rechenschaft schuldig. Und vergiss nie: eine Schattenseite, die gibt es zwangsläufig überall.

Die grosse Frage an dich: WARUM…

- Warum willst du nicht loslassen?
- Was macht dir Angst, das du verlieren könntest?
- Was möchtest du festhalten?
- Was möchtest du durch dein Kind erleben?
- Was lebst du durch dein Kind aus?
- Welche für dich unerfüllten Träume überträgst du auf dein Kind?
- Was nimmt dir dein Kind ab?
- Siehst du in deinem Kind eine «Versicherung», dass du in deinem «Alter» nicht allein sein wirst?
- …

Dies hier ist kein psychologisch ausgewerteter Fragebogen; auch bist du niemandem ausser dir selbst die Antworten schuldig. Aber dir gegenüber, da solltest du doppelt ehrlich sein.

Die Frageliste ist auch nicht vollständig, es sind nur Denkanstösse; ergänze sie für dich und dein Sein.

Hast du Antworten?
Wenn du auch erst eine Antwort hast:

Zieh die Konsequenzen!

MANN ODER FRAU

Bist du Mann oder Frau?
Dumme Frage, das weisst du ja. Und wie war es als Kind? Irgendwer hat dir einmal beigebracht, dass du ein Mädchen oder ein Knabe seiest. Du hast das natürlich geglaubt, denn alle kleinen Mädchen oder alle kleinen Knaben sahen ja gleich aus. Also, schon von ganz klein an weisst du, was du bist.

Sicher? Wie sah es in deinem Inneren aus? Wärest du nicht viel lieber anders gewesen? Vielleicht war dein «Programm» auf das andere Geschlecht getrimmt?

Eine Frau ist schwanger. Sie wünscht sich aus irgend einem Grund sehnlichst einen Knaben. Während der ganzen Schwangerschaft denkt sie und spricht sie von ihrem Sohn. Sie kauft vielleicht sogar schon «bubenhafte» Babykleidchen ein...

Das Kind kommt zur Welt — es ist ein Mädchen. Zuerst grosse Enttäuschung von Mama und Papa. Das kleine Mädchen nimmt als erstes die Schwingung «unerwünscht» auf.

Kennst du das? Kennst du das Gefühl, unerwünscht zu sein? Es tut weh! Die Reaktion auf eine Abweisung ist entweder Wut und eine Form von Trotz oder aber man bemüht sich, nach bestem Können so zu sein, wie es der andere wünscht.

Leider entspricht der Wunsch des anderen nicht immer unserer Natur. Wir bauen um uns eine Fassade. Wir möchten sein, was wir nicht sind. Wir spielen Theater. Und zum Schluss glauben wir selber, dass wir diese erfundene, verzerrte Persönlichkeit sind.

Sobald wir nun aber nicht uns selber leben, fängt sich unsere Seele an zu wehren. Zuerst in kleinen Unpässlichkeiten; achten wir uns nicht darauf, in immer heftigerer Form, bis wir einfach nicht mehr können.

Und jetzt?

Wie weiter? Jahrelang hast du vielleicht als Frau gelebt, die in ihrem Inneren männlich gedacht und gefühlt hat. Seit Geburt hast du dich vielleicht bemüht, dem Wunsch deiner Mutter oder deines Vaters gerecht zu werden. Nach aussen hin «wie es sich gehört», als das was du bist, nach innen verzweifelt, weil du nicht sein kannst, was du meinst sein zu müssen.

Dieser Konflikt kann zu Homosexualität führen. Dieses Problem ist jedoch nicht die Hauptursache dieses Seins-Zustandes.

Was kannst du nun tun um diesen Konflikt zu lösen?

Wenn du die nachfolgenden Anweisungen befolgst, ist es sehr wohl möglich, dass es dich zuerst einmal über den Haufen wirft. Das heisst, du kommst auf Schleuderkurs. Es kann sogar passieren, dass du für kurze Momente kaum noch weisst, wer du in Wirklichkeit bist.

Es kann auch sein, dass viele blockierte Gefühle an die Oberfläche kommen. Weine, wenn es dir ums Weinen ist! Lache, wenn es dir Spass macht! Lass dich traurig, übermütig, melancholisch oder vielleicht auch aggressiv sein.

Auch für diese «Arbeit» ist ein Helfer, ein Freund, ein vertrauenerweckendes Nebenan sehr, sehr hilfreich. Aber auch ohne einen solchen Helfer: versuche es! Du wirst dich nachher so viel besser, so viel ehrlicher und viel mehr DA fühlen.

Je nachdem, wie tief bei dir das Problem steckt, sind einige «Durchgänge» notwendig. Lass dir auch genügend Zeit — vielleicht ein paar Wochen, vielleicht ein paar Monate und wenn es nicht anders geht, gestatte dir auch ein, zwei Jahre. Wieviel Zeit du benötigst, spielt keine Rolle. Wichtig ist, dass du einmal damit beginnst.

Diese Reinigung hilft dir als Frau, Unterleibsproblemen — von Menstruationskrämpfen bis hin zum Krebs — und auch dem gefürchteten Brustkrebs vorzubeugen.

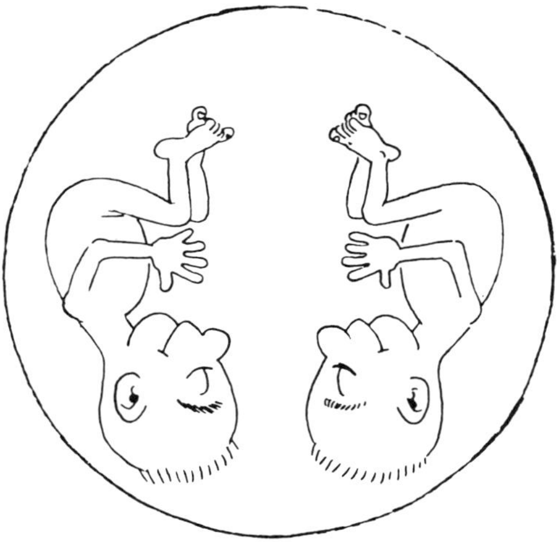

DIE REINIGUNG

Du suchst dir einen bequemen Platz aus. Ein Plätzchen, an dem du dich wohl und geborgen fühlst. Auch sollte es dir möglich sein, eine halbe bis eine Stunde ungestört von Telefon, Hausklingel und Kindern zu verweilen. Hast du keine «störungsfreie» Zeit oder keinen ruhigen Platz, so müsstest du diese Visualisation abends im Bett durchspielen.

Setz dich bequem hin, schliesse die Augen und atme einige Male ruhig und tief. Sobald du dich ruhig genug fühlst, stellst du dir nun eine Kugel vor, einfach ein rundes «Ding». Dieses runde Etwas ist ein symbolisierter Uterus. In diese Gebärmutter denkst du dir nun zwei Embryos, zwei kleine Kinder — ein Mädchen und ein Knabe. So, und nun: Achtung, fertig, los!...

... Geburt!

Wer ist zuerst gekommen? Das Mädchen oder der Knabe? Bist du eine Frau und der Knabe hat sich vorgedrängt?
Nun aber ein energisches **Nein**!... Ich bin eine Frau, also muss das Mädchen zuerst kommen.

Fange noch einmal von vorne an. Nochmals stellst du dir dieses Rund, diese Kugel vor, nochmals gibst du den «Startschuss» zur Geburt: Rufe dein Mädchen (oder deinen Jungen), animiere es, locke es, zwinge es jedoch nicht allzu sehr, als erste zu kommen.

Diesen «Geburtsvorgang» machst du einige Male. Bitte nicht zu oft, forciere nicht zu stark. Wiederhole das Ganze lieber in zwei, drei Wochen wieder.

Als Mann ist es natürlich genau das selbe, nur dass du deinen Knaben lebendiger machen solltest.

Unterschätze bitte die Auswirkungen dieser Übung nicht! Vielleicht hat sie beim ersten Mal nicht eine sehr starke Wirkung.

Das würde jedoch heissen:

- dass du nicht unbedingt an eine Wirkung glaubst.
- dass du gar nicht aus deinem «Zustand» heraus willst.
- dass du vielleicht Angst vor den Auswirkungen hast und dich deswegen blockierst.
- vielleicht willst du zu sehr «sehen», vorstellen genügt!

Viel Mut und gutes Gelingen!

IMMER, IMMER WIEDER

Du hast schon viele Übungen aus diesem Buch gemacht. Du und deine Umgebung fühlen sich schon viel besser. Liebe und Harmonie begleiten dich.

Und doch...
Immer wieder taucht aus irgend einer dunklen Ecke Aggression, schlechte Laune oder irgend so ein Unlustgefühl auf.

Immer wieder, wenn du meinst, du hättest eine besonders hohe Hürde geschafft, kommt das alte Verhaltensmuster, die alte Gewohnheit wieder zum Vorschein. Genau das Problem, von dem du meintest, du hättest es jetzt besiegt, genau mit dem Problem wirst du aufs neue konfrontiert.

Es nützt einfach nichts, wenn du trotzig ausrufst: Nein! Nicht schon wieder! Ich will es einfach nicht mehr sehen!

Deine Augen würden dabei nur in Mitleidenschaft gezogen und wenn du zu lange nicht sehen willst...
Brillen sind zwar modisch, aber nicht gerade billig und bequem.

Auch heisst das nicht, dass du noch nichts erarbeitet hast, dass du «treten an Ort» machst.

Stell dir vor, du bist in einer kosmischen Schule. Deine Aufgabe ist es nun zu lernen, mit einer Eigenart, mit einem besonderen Problem umzugehen. Du meinst nun, du hättest deine Aufgabe gelöst. Bevor du nun eine neue Aufgabe zugeteilt bekommst, wirst du geprüft.

Diese Prüfung ist keine Schikane, manchmal ein bisschen unangenehm, das sicher, für dich jedoch lebensnotwendig. So hast du Gewähr, dass du nie «überfüttert», nie überfordert wirst. Erst wenn du deinen gelernten Stoff, deine Aufgabe wirklich beherrschst, erst dann wird dir deine neue Aufgabe gezeigt.

Sei froh, dass diese Prüfungn stattfinden. Sei froh, dass dir immer wieder gezeigt wird, wo deine schwachen Stellen, deine Schwächen, deine Stolpersteine sind. Je mehr du JA zu diesen Prüfungen sagst, je mehr du dich auf Unpässlichkeiten, schlechte Laune oder wütend werden achtest, desto weniger musst du «leiden». Die Prüfungen müssen nicht mehr so «mit dem Holzhammer» sein.

Du kannst dir auch vorstellen:

Du stehst unten an einer Treppe. Dein Ziel ist es, auf die oberste Stufe zu kommen. Bist du in Gedanken immer nur bei der obersten Stufe, so wirst du früher oder später über eine der unteren stolpern.

Jeder Tritt erfordert deine ganze Aufmerksamkeit. Sie sind so unterschiedlich. Es gibt hohe und niedere Stufen; ganz breite, aber auch solche, auf denen du kaum stehen kannst. Pass auf, dass du in solchen Momenten das Gleichgewicht nicht verlierst.

Eine chinesische Weisheit sagt dazu folgendes:

Es dauert Tage, Wochen oder vielleicht sogar Monate um einen Stapel Holz zusammen zu tragen, zu spalten und aufzuschichten, jedoch nur einen Moment unbedachtes Handeln und der ganze Stapel Holz fällt dem Feuer deiner Unbeherrschtheit zum Opfer.

Nimm jede Stufe wie sie kommt. Deine Unzufriedenheit ändert sie nicht. Unzufriedenheit, nicht annehmen können, sich dagegen wehren macht diese Stufe nur zu einer unangenehmen, für dich mit Leiden angefüllten Zeit. Dein Hadern, dein Unzufriedensein verhindert zudem dein Weiterkommen, und die Folge?...

... Dein Verweilen an diesem unfreundlichen Ort dauert eine «halbe Ewigkeit».

Bevor du nun eine Stufe verlassen kannst um auf die nächste emporzusteigen, musst du dich vergewissern, ob du auch wirklich alles, was auf dieser Stufe war, erledigt hast. Alles Vergessene würde dir auf den nächsten Stufen sehr fehlen. Zurück ist fast unmöglich.

Und wenn etwas fehlt?...

Damit das ganz sicher nicht passieren kann, genau darum wirst du immer wieder geprüft.

Ein Zurück wäre mit unsäglichen Leiden verbunden und wird von keinem Menschen, der seine Treppe gewissenhaft aufsteigt, verlangt.

Jedes gewaltsame Erzwingen-wollen der obersten Stufe mit Magie, speziellen Techniken oder Drogen führt unweigerlich zu einem Chaos, zu Leiden und zu einem gewaltsamen «Zurück».

Sollte dir in deiner Neugierde irgend ein Fehltritt passiert sein und hast du aus «Unwissenheit» bei irgendwelchen undurchsichtigen Ritualen, Experimenten oder Drogenparties teilgenommen: mache dir keine Vorwürfe. Zu der Zeit als du dies tatest, wusstest du vielleicht nicht WAS du tatest. Sei dir selber nicht nachtragend, verzeih dir und versuche, nicht wieder über den gleichen Stein zu stolpern. Du wirst früher oder später wieder mit einer ähnlichen Situation konfrontiert werden.

Hast du aus deinen Fehlern gelernt?... Schön, dann hast du ja auch keinen Grund mehr, dir böse zu sein, dich mit Schuldgefühlen zu quälen.

Und bist du wieder gestolpert?...

Das nächste Mal schaffst du es bestimmt. Erkenne deinen Fehler, realisiere ihn, verzeihe dir und versuche, das nächste Mal nicht wieder zu stolpern.

Schau einem kleinen Kind bei Gehenlernen zu. Es steht auf, versucht einige Schritte und stolpert über irgendetwas. Wenn nicht irgend ein Erwachsener daneben ein riesengrosses Geschrei macht, steht der kleine Knirps wieder auf und versucht, wieder einen Schritt um den andern zu machen. Immer wieder, bis seine Beinchen gehorchen und stark genug geworden sind.

INHALTSÜBERSICHT

An alle, die
mit geholfen haben.

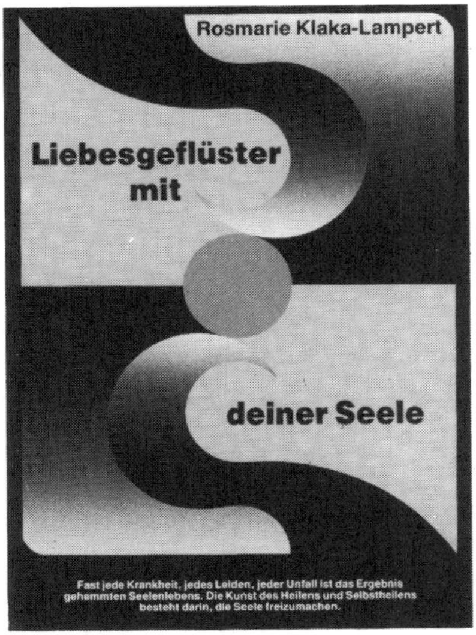

Fast jede Krankheit, jedes Leiden, jeder Unfall ist das Ergebnis gehemmten Seelenlebens. Die Kunst des Heilens und Selbstheilens besteht darin, die Seele freizumachen.

Liebesgeflüster mit deiner Seele

. . . ist ein Buch, das den Leser auffordert, den intuitiven Teil seines Selbst zu entdecken und mit dem «Heiler in uns» Kontakt aufzunehmen. Es zeigt anhand von verschiedenen Krankheitsbildern auf, dass Krankheit ursächlich ein Signal der Seele ist. Es fordert uns auf, einen kurzen Moment auf unserem Wege innezuhalten, uns umzusehen und die «Steine» auf unserem Weg wegzuräumen.
Dem Leser wird angeboten, seine Krankheit von einem neuen Standpunkt aus zu betrachten und die Linderung seiner Leiden von innen her zu holen.
«Liebesgeflüster mit deiner Seele» ist ein Buch der Praxis, das zur Aktivität und zum «Sich selber sein» aufruft. Es preist keine «Patentrezepte» und Wunderheilungen an, es ruft den «Wunderheiler» in uns wach.
Rosmarie Klaka-Lampert ist 1943 in der Schweiz geboren. Sie erforscht und arbeitet seit mehreren Jahren mit Grenzgebieten der Wissenschaft. Metaphysik, Parapsychologie und Spirit Healing sind ihre bevorzugten Gebiete.
Einfühlungsvermögen und Verständnis haben ihr Tür und Tor zu manchen Herzen geöffnet und ihr Einblick in die innersten Geheimnisse der Menschen erlaubt.

ISBN 3-905050-05-6

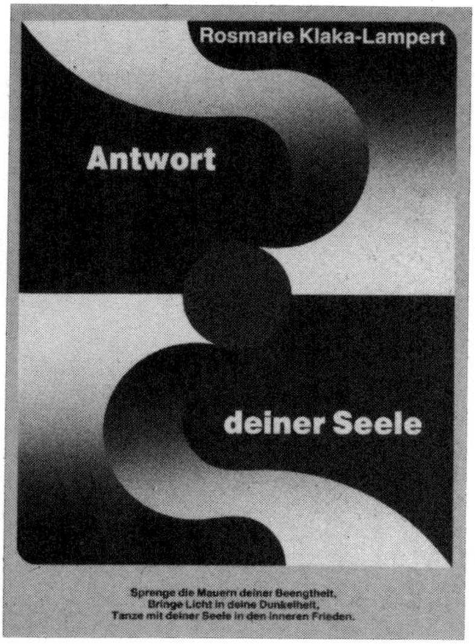

Sprenge die Mauern deiner
Beengtheit,
Bringe Licht in deine
Dunkelheit,
Tanze mit deiner Seele
in den inneren Frieden.

Antwort deiner Seele

. . . das Arbeitsbuch zu dem Buch «Liebesgeflüster mit deiner Seele». Ein zweites Buch, das nicht nur «Anhänger» ist, sondern auch als Einzelbuch dir den Weg zu deinem «Selbst» zeigt. Ein Hilfsmittel, um deine «Fassade» abzubauen und deinem wahren SELBST in voller Grösse und Schönheit zum Durchbruch zu verhelfen.

Chakra, Aura, Astralkörper . . .
Karma, Prana, Medialität . . .
Unter-, Tag- und Überbewusstsein . . .
Polarität, Reinkarnation, Ego . . .

Alles fremde Worte?

Was bedeuten sie für uns?
Wie sind sie zu verstehen und, was noch viel wichtiger ist, wie können wir lernen, damit umzugehen; lernen, sie in unserem Alltag, in unserem «Sein» nützlich und «gewinnbringend» einzusetzen und zu gebrauchen.

Antwort deiner Seele ist ein Buch der Praxis, das zur Aktivität und zum «Sich-selber-Sein» aufruft. Es preist keine «Patentrezepte» und Wunderheilungen an, es ruft den «Wunderheiler» in uns wach.

ISBN 3-905050-04-8

Ein Buch für Mutige!

Schwarz und Weiss sind keine Farben

Einfach und klar wird in diesem Buch aufgezeigt:

- Das Wassermannzeitalter, die neue Zeit, was für Auswirkungen und Konsequenzen sie für uns bringt.
- Wie die sieben Strahlen und der Regenbogen auf uns wirken.
- Unsere früheren Inkarnationspersönlichkeiten und wie sie uns heute beeinflussen.
- Gedanken und Träume, die unbekannte Macht und Gefahr.
- Karma, Ursache und Wirkung, einmal aus ganz anderer Sicht betrachtet.

ISBN 3-905050-06-4

Klang der Wahrheit

Ein Buch für Helfer, Heiler, Therapeuten und alle diejenigen, denen ihre Mitmenschen und ihre Umwelt am Herzen liegen.

Durch das bewusste Einfühlen in Farben und Edelsteine erfahren wir nicht nur deren Schwingung und Heilkraft, sondern erkennen auch unser eigenes Selbst, unser Potential und unsere Grenzen.

Unsere Seele hat aus irgendeinem Grund den Weg durch die Materie, durch die Dualität, durch die Polarität gewählt, und nun gehen wir den Weg der Gegensätze mit all seinen Konsequenzen.

ISBN 3-905050-07-2